용기를 내어 당신이 생각하는 대로 살아야 합니다.
그렇지 않으면 머지않아 당신은 사는 대로 생각하게 될 것입니다.

- 폴 부르제(프랑스의 시인, 철학자)

Il faut vivre comme on pense,
sans quoi l'on finira par penser comme on a vécu.

- Paul Bourget

터닝포인트는 삶에 긍정적 변화를 일으키는 좋은 책을 만들기 위해 최선을 다합니다.

친절한
DIY
교과서
No. 020

DVD 동영상 강의로 쉽게 배우는 친절한

펠트 선물 DIY

미까사 최연주 지음

터닝
포인트

DVD 동영상 강의로 쉽게 배우는
친절한 펠트 선물 DIY

Copyright ⓒ 2014 by 최연주 & 터닝포인트

2014년 4월 1일 초판 1쇄 인쇄
2014년 4월 15일 초판 1쇄 발행

지은이 | 최연주
펴낸이 | 정상석
펴낸 곳 | 터닝포인트
기획·편집 | 차슬아
편집디자인 | nice age
표지디자인 | 이지선
일러스트 | 홍수정
작품 사진 촬영 | 이성우(G1-studio)
과정 사진 촬영 | 김현진
스타일링 | 이규엽
동영상 촬영 편집 | 어린이TV

등록번호 | 2005. 2. 17 제6-738호
주소 | 서울시 마포구 연남로 97-1 3층
대표전화 | (02)332-7646
팩스 | (02)3142-7646
홈페이지 | www.diytp.com
ISBN 978-89-94158-54-9 18630
정가 19,800원

재료 협찬 미까사핸드크래프트(www.micasahandcraft.com)
내용 문의 www.diytp.com
원고 집필 문의 diamat@naver.com
(터닝포인트는 삶에 긍정적 변화를 가져오는 좋은 원고를 환영합니다)

들어가며

어느덧 첫 책이 나온 지도 4년이 되어 갑니다. 언제부터인지도 모르게 당연스레 해 온 바느질이 이렇게 두 권의 책을 만들 수 있는 자산이 되었네요. 한 땀 한 땀 손끝에만 정신을 쏟아 바느질을 하다 보면 어느새 고민도 잊게 되고, 또 주변의 좋은 사람들과 같이 웃고 떠들며 바느질하는 시간은 따분한 생활에 활력도 된답니다. 무엇보다 머릿속에만 어슴푸레 있던 디자인들이 손끝에서 작품으로 완성되어 가는 모습을 보면 그 뿌듯함은 어찌 말할 수가 없죠.

첫 책 『친절한 펠트 소품 DIY』에 보내 주신 응원에 힘입어 이번 두 번째 책 『친절한 펠트 선물 DIY』도 독자 여러분들이 만족하셨으면 하는 바람으로 만들었습니다. 펠트 공예를 많이 접하신 분들께는 다양한 디자인으로 만족을 드리고, 처음 펠트 바느질을 시작하시는 분들께는 어렵지 않게 시작하실 수 있도록 도와드리는 친절한 지침서가 될 수 있을 거예요.

직접 만든 작품을 좋아하는 누군가에게 선물할 때의 큰 기쁨을 느껴보셨나요? 손으로 무언가를 열심히 만들 때의 재미도 좋지만, 선물하는 기쁨이 더해지면 감동이 배가 되죠. 때론 나만을 위한 선물을 하는 것도 기분전환에 아주 좋습니다. 이 모든 긍정적인 효과를 여러분도 느껴보시길 바랄게요!

이렇게 책이 나오기까지 항상 옆에서 힘이 되어 주는 우리 가족, 언제나 제 작품을 좋아해 주신 블로그 이웃 분들과 미까사 카페 가족 분들, 저의 공방에서 함께 하셨던 많은 수강생 분들, 모두 항상 고맙다고 전하고 싶네요. 더불어 두 번째 책도 함께 해 준 터닝포인트 가족 분들께도 감사의 인사를 드립니다.

최연주

DVD 동영상 강의 200% 활용하기

이 책의 부록 DVD에는 펠트 재료, 펠트 기초 바느질법, 작품 만들기에 대한 저자 직강 동영상 강의가 담겨 있습니다. 과외 선생님에게 일대일로 특별한 수업을 받는 것처럼 쉽고 재미있게 배울 수 있습니다.

메인 페이지

DVD를 재생하면 가장 먼저 만나는 홈 화면입니다. 원하는 메뉴를 선택해 필요한 동영상 강의를 선택하여 볼 수 있습니다.

1. 펠트 소개 페이지

펠트 공예란 무엇인지, 펠트 공예로 어떤 작품을 만들 수 있는지에 대한 간략한 설명과 함께 펠트 재료를 소개합니다.

2. 펠트의 기초 페이지

Part 1의 기초 바느질법과 유용한 Tip을 알려줍니다.

3. 작품 만들기 페이지

Part 2의 리얼 로즈 스마트폰 스트랩, 부엉이 키홀더, 카네이션 티코스터, 믹스매치 컬러 캥거루 인형, 유리병 리폼 플라워 핀꽂이, 총 5가지 작품의 만드는 전 과정을 쉽고 자세하게 알려줍니다.

TV에서 부록 DVD 사용하는 방법

컴퓨터에서는 마우스를 사용하지만 TV에서는 리모컨을 사용하여 메뉴를 선택할 수 있습니다. 부록 DVD를 TV용 DVD 플레이어에 넣으면 위와 같은 창이 나타납니다. 리모컨의 방향 버튼을 누른 후 ENTER(또는 확인) 버튼을 누르면 서브 메뉴로 이동합니다.

❶ 메뉴에서 동영상 선택 : ← → ↑ ↓로 원하는 영상을 선택하고 ENTER(또는 확인) 버튼을 누름

❷ 동영상을 보다가 메뉴로 이동하려면 : 메뉴 버튼을 누름

❸ 서브 메뉴에서 메인 메뉴로 가려면 : 서브 메뉴의 ← 버튼을 선택한 후 ENTER(또는 확인) 버튼을 누름

❹ DVD 실행 종료 : STOP 버튼을 누름

DVD 사용 시 주의사항

1. PC에 DVD 플레이어가 설치되어 있지 않으면 부록으로 제공되는 DVD가 작동하지 않을 수도 있습니다. PC에서 DVD 플레이어가 정상적으로 실행되지 않을 경우에는 컴퓨터에 DVD 플레이어가 설치되어 있는지 확인합니다. 만약 DVD 플레이어가 설치되어 있지 않다면 컴퓨터 구입 시 제공되는 설치 CD나 DVD로 PC용 DVD 플레이어를 설치합니다.

2. TV에서 사용하는 DVD 플레이어의 기종에 따라 DVD가 정상적으로 작동하지 않을 수 있습니다.

3. DVD 플레이어 프로그램으로도 DVD를 전혀 읽지 못하거나 부록 DVD를 사용하는 데 있어 문제가 있을 경우에는 '행복한 취미생활 DIY 카페(http://cafe.naver.com/diytp)'로 문의주시면 해결 방법을 알려드립니다.

내용 구성 한눈에 보기

① 작품 완성 사진

이 섹션에서 만들 펠트 작품의 완성 모습을 보여줍니다.

② DVD 동영상 강의

DVD 표시가 있는 작품은 부록 DVD를 재생하여 저자 직강 동영상 강의를 볼 수 있습니다.

⑤ 만드는 과정 따라 하기

초보자라도 만드는 과정을 쉽게 따라 할 수 있도록 사진으로 상세하고 친절하게 설명합니다.

③ 작품 정보

작품을 만들기 전에 작품에 대한 간략한 정보를 표시합니다.
바느질법 : 작품에 사용된 스티치 기법입니다.
예상 제작 시간 : 펠트 재단 시간을 제외한 바느질 예상 시간입니다.
완성 크기 : 작품의 크기를 가로×세로로 나타냅니다.

④ 준비물

작품 만들기에 필요한 펠트, 도구, 재료를 알려줍니다.

⑥ Tip

만드는 과정에서 주의할 점과 저자 노하우를 알려줍니다.

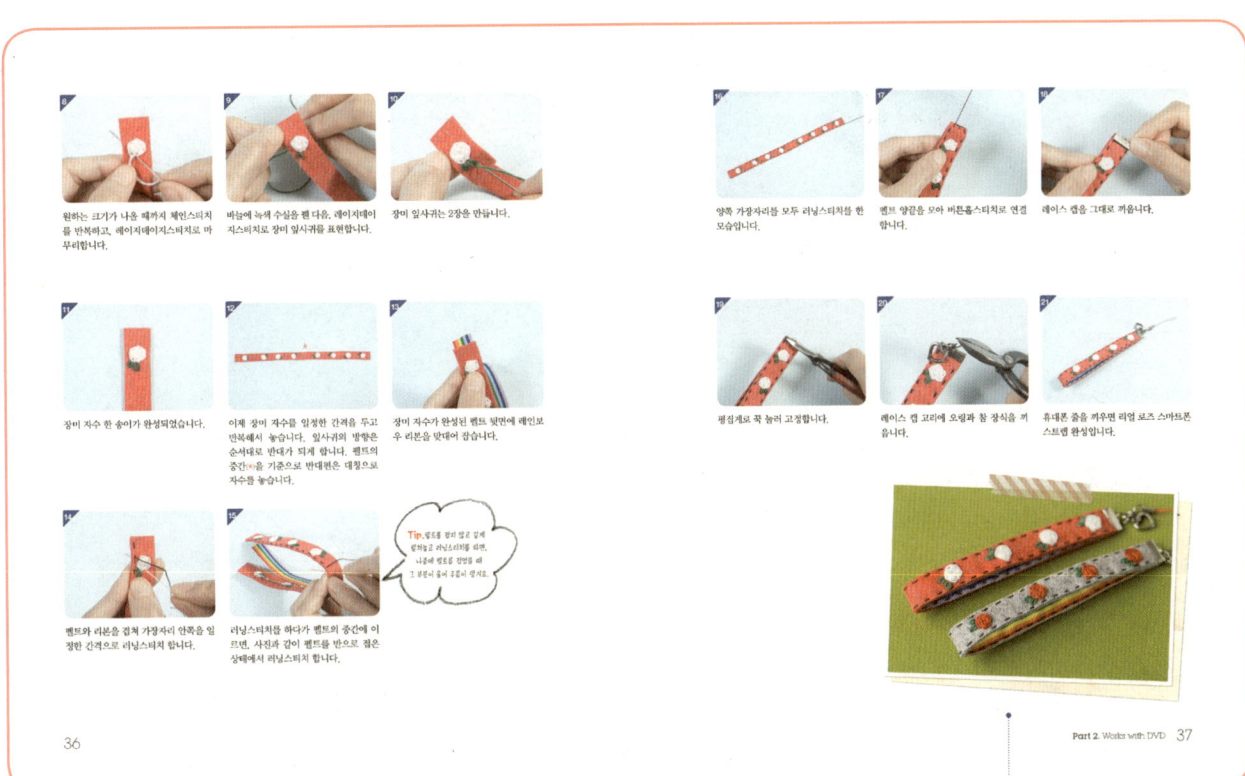

원하는 크기가 나올 때까지 체인스티치를 반복하고, 레이지데이지스티치로 마무리합니다.

버섯에 녹색 수실을 펠 다음, 레이지데이지스티치로 장미 잎사귀를 표현합니다.

장미 잎사귀는 2장을 만듭니다.

양쪽 가장자리를 모두 러닝스티치를 한 모습입니다.

펠트 양끝을 모아 버튼홀스티치로 연결 합니다.

레이스 캡을 그대로 끼웁니다.

장미 자수 한 송이가 완성되었습니다.

이제 장미 자수를 일정한 간격을 두고 반복해 놓습니다. 잎사귀의 방향은 순서대로 반대가 되게 합니다. 펠트의 중간(▲)을 기준으로 반대편은 대칭으로 자수를 놓습니다.

장미 자수가 완성된 펠트 뒷면에 레인보우 리본을 맞대어 잡습니다.

펑펑하게 꾹 눌러 고정합니다.

레이스 캡 고리에 오링과 참 장식을 끼 웁니다.

휴대폰 줄을 끼우면 리얼 로즈 스마트폰 스트랩 완성입니다.

펠트와 리본을 겹쳐 가장자리 안쪽을 일정한 간격으로 러닝스티치 합니다.

러닝스티치를 하다가 펠트의 중간에 이르면, 사진과 같이 펠트를 반으로 접은 실태에서 러닝스티치 합니다.

Tip. 펠트를 반이 접지 않게 길게 펼치고고 러닝스티치를 하면, 나중에 펠트를 접었을 때 그 부분이 줄어 주름이 생겨요.

36

❼ **응용 작품**

펠트 색상이나 디자인을 조금 변경하여 응용한 작품을 소개합니다.

인터넷을 통한 지속적인 서비스

이 책과 관련하여 궁금한 내용은 터닝포인트의 홈페이지(www.diytp.com)나 네이버의 행복한 취미생활 DIY 카페(cafe. naver.com/diytp)로 문의주시면 최선을 다해 답변해 드리겠습니다.

내가 만든 작품 자랑하기

터닝포인트의 "행복한 취미생활 DIY(cafe.naver.com/diytp)" 카페의 게시판에 책을 보고 만든 작품이나 만드는 과정에 생긴 에피소드 또는 나만의 창작품 등을 올려주세요. 다른 독자들과 함께 정보도 공유하고 우수 회원을 뽑아 시상도 합니다.

준비물

1. 2mm펠트
색상에 따라 멜란지(비슷한 여러 색이 섞여 만들어진 펠트)와 솔리드(한 가지 색으로 이루어진 펠트)로 나뉩니다. 두께가 2mm로 도톰해 주로 생활소품을 만드는 데 쓰입니다.

2. 하드펠트
'유수지'라고도 하며 풀을 먹인 듯 약간 빳빳한 질감의 펠트입니다. 마찰에 의한 보풀이 적어 장난감이나 교구 등을 만들 때 많이 쓰입니다.

3. 소프트펠트
'무수지'라고도 하며 부드러운 질감의 펠트입니다. 펠트 원단 중 마찰에 의한 보풀이 가장 심해 손을 거의 타지 않는 장식용 인형이나 벽걸이 등을 만들 때 많이 쓰입니다.

4. 패턴펠트
다양한 무늬의 패턴이나 일러스트가 인쇄되어 있어 디자인 작업 시간을 최소화하고 간단하게 작품을 만들 수 있습니다.

5. 미끄럼방지펠트
작은 도트 무늬가 미끄러짐을 방지하기 때문에 슬리퍼나 실내화, 마우스패드의 바닥에 주로 쓰입니다. 도트 무늬 자체가 예뻐 장식용으로 쓰이기도 합니다.

6. 바늘
기본적으로 가는 바늘을 사용합니다. 모양을 내는 수실은 굵은 바늘을 사용하고, 인형에 눈이나 팔을 달 때는 장바늘(이불바늘)을 사용합니다.

7. 실
펠트 전용실뿐만 아니라 퀼트실, 십자수실, 재봉실 등 종류에 상관없이 사용 가능합니다.

8. 실뜯개
바느질을 하다가 실수할 경우 실을 깔끔하게 자를 때 쓰입니다.

9. 기화성펜
펠트에 도안을 옮겨 그릴 때 사용합니다. 기화성펜은 휘발성 잉크를 사용해 일정 시간이 지나면 흔적 없이 사라집니다.

10. 아이롱펜
흰색 잉크의 펜입니다. 보라색 기화성펜이 잘 표시나지 않는 진한 색상의 펠트에 유용하게 쓰입니다. 다리미 등 뜨거운 열을 가하면 잉크가 사라집니다.

11. 자
원단의 길이를 재고 재단할 때 사용합니다.

12. 겸자
손이 닿지 않는 곳까지 솜을 꼼꼼히 넣을 때 사용합니다. 원단을 뒤집을 때 공간이 좁아 손을 넣기 어려운 경우에도 유용합니다.

13. 일반가위, 재단가위

종이 도안을 재단할 때는 일반가위를 사용하고, 펠트나 원단을 재단할 때는 재단가위를 사용합니다.

14. 방울솜, 구름솜

방울솜은 솜을 골고루 단단하게 채울 때 사용하며, 구름솜은 넓은 면적에 폭신하게 채울 때 사용합니다.

15. 글루건

빠르게 접착시킬 때나 비교적 넓은 면적을 붙일 때 사용합니다.

16. 접착제(오공본드)

굳으면 투명해지며 펠트를 붙일 때 사용합니다.

17. 벨크로

찍찍이 타입으로 붙였다 떼었다 하기 좋은 여밈 부자재입니다.

18. 통장지갑, 카드지갑 속지

통장이나 카드지갑을 만들 때 사용합니다.

19. 프레임

앤티크한 느낌의 파우치, 지갑 등을 만들 때 사용하는 여밈 부자재입니다.

20. 비즈

크고 화려한 장식을 할 때 사용합니다.

21. 스팽글

반짝이는 장식으로 사용하는 부자재입니다.

22. 시드 비즈

인형 눈이나 작고 귀여운 장식을 할 때 사용합니다.

23. 원단

펠트 작품의 무늬나 인형의 옷 등을 만들 때 사용합니다.

24. 라벨

작품의 상표를 나타내거나 장식을 위해 사용합니다.

25. 리본

휴대폰 줄이나 고리, 장식 등을 만들 때 주로 사용합니다.

26. 토숀 레이스

여성스러운 장식을 할 때 사용합니다.

27. 마끈

여밈용 고리를 만들거나 꾸밈용으로 사용합니다.

28. 똑딱 단추

겉으로 드러나지 않게 안쪽에 사용하는 여밈 부자재입니다.

29. 단추

인형 눈이나 장식, 여밈으로 다양하게 쓰입니다.

Contents

PART 1

Basic (펠트의 기초)

PART 2

Works with DVD (DVD 따라 하기)

PART 3

Accessary (액세서리)

PART 4

Pouch (파우치)

PART 5

Living & Kitchen
(리빙 앤 키친)

Doll & Season Item (인형 앤 시즌용품)

Reform (리폼하기)

PART 1

Basic

01 도안 그리기와 재단

펠트는 올이 풀리지 않는 원단이라 시접 없이 도안대로 재단합니다. 재단선이 곧 완성선이 되므로 가위로 깔끔하게 재단합니다.

1

도안대로 자른 종이를 펠트 위에 올려놓고 기화성펜으로 가장자리를 따라 그립니다.

Tip. 원하는 도안을 달력 같은 두꺼운 종이에 먼저 붙인 후, 재단해 펠트에 옮겨 그리는 것이 깔끔하고 도안 보관 시에도 좋아요!

2

기화성펜 선을 따라 펠트를 깔끔하게 재단합니다.

02 실 매듭짓기

펠트는 압착 원단이라 매듭이 작으면 펠트 안으로 들어가 빠져버릴 수 있습니다. 펠트에서 실 매듭은 최소 2~3번 이상 지어주는 것이 좋습니다.

》 시작할 때

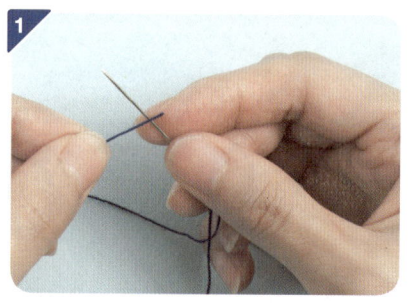

1

실을 꿴 바늘을 오른손에 쥐고 실 끝을 바늘 위에 올려놓은 후 오른손 엄지와 검지로 잡습니다.

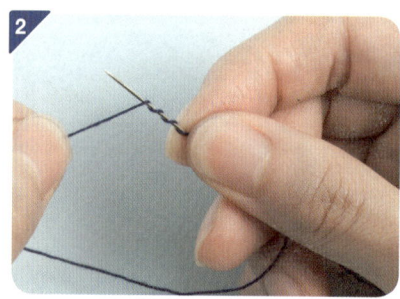

2

그대로 실을 바늘에 3~4번 정도 감습니다.

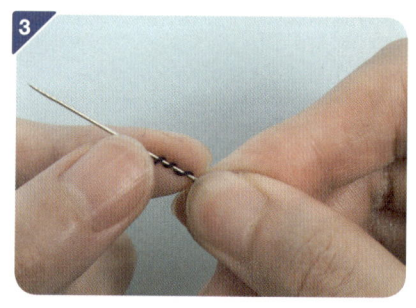

3

바늘에 감은 실을 왼손 엄지와 검지로 옮겨 잡습니다.

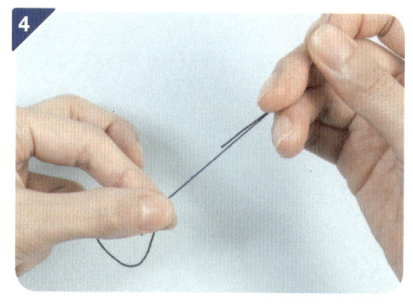

4

오른손으로 바늘을 잡고 위로 잡아당깁니다.

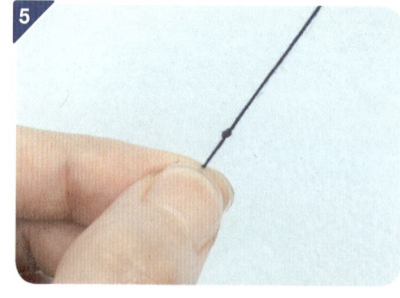

5

바늘을 끝까지 잡아당기면 자연스럽게 매듭이 만들어집니다.

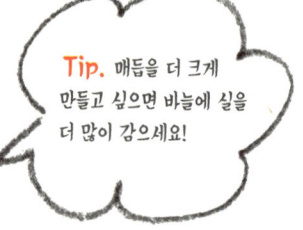

Tip. 매듭을 더 크게 만들고 싶으면 바늘에 실을 더 많이 감으세요!

》 마무리할 때

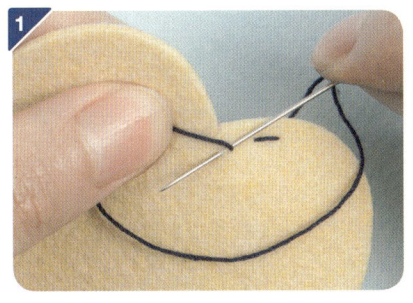

바느질이 끝난 위치에서 실을 왼쪽에 두고 바늘로 펠트 면을 살짝 뜹니다.

Tip. 도톰한 2mm펠트에 주로 사용하는 마무리 방법이에요. 하드펠트처럼 비교적 얇은 펠트는 뜨지 말고 그대로 매듭지으세요!

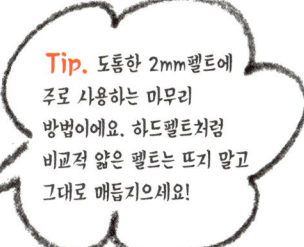

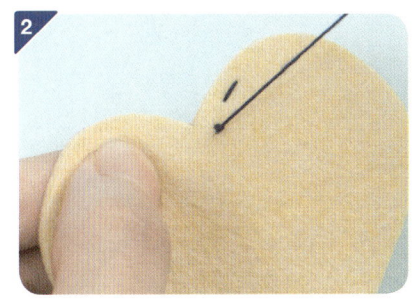

그대로 바늘을 잡아당기면 자연스럽게 매듭이 지어집니다.

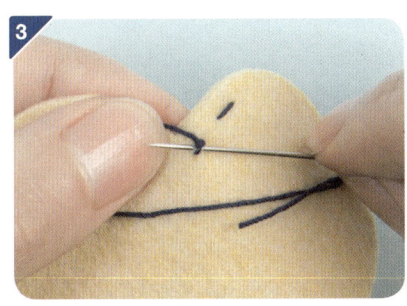

매듭을 1~2번 더 지어줍니다. 두 번째 매듭부터는 사진과 같이 매듭 바로 밑으로 짧게 한 땀 떠서 바늘을 잡아당기면 됩니다.

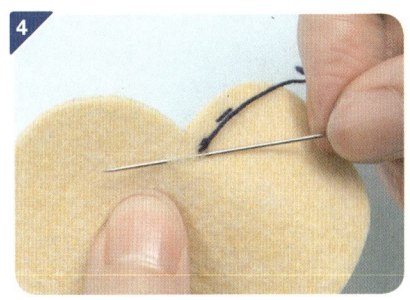

이제 실 정리를 합니다. 매듭지은 위치에서 바늘을 넣어 멀리 한 땀 뜬 후 빼냅니다.

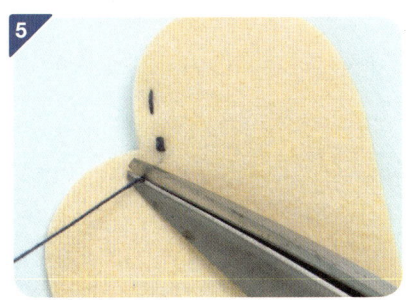

가위로 남은 실을 바짝 자르면 깔끔하게 정리됩니다.

---

03 아플리케1 DVD 2-03

펠트 위에 다른 조각 펠트를 덧댈 때 사용하는 기본 바느질법입니다. 실 색상은 기본적으로 덧대는 펠트와 같은 색상을 사용하지만, 보색이나 튀는 색상을 사용해도 예쁩니다.

베이비블루 큰 하트에 옐로우 작은 하트를 아플리케 해보겠습니다. 바늘을 큰 하트 뒷면에서 작은 하트 가장자리에 맞춰 통과시킵니다.

Tip. 땀의 간격은 3mm가 보기에 적당하지만 디자인이나 작품의 크기에 따라 조절하세요!

바늘이 나온 곳에서 직선으로 약 3mm 내려와 바늘을 통과시킵니다.

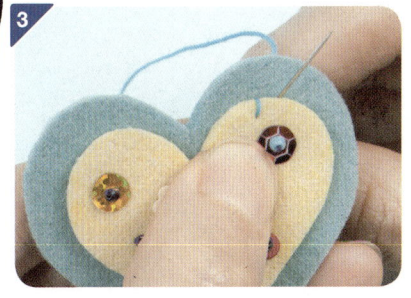

약 3mm 옆으로 한 땀 이동해 뒤에서 앞으로 바늘을 빼냅니다. 이때도 마찬가지로 작은 하트 가장자리에 맞춰 빼냅니다.

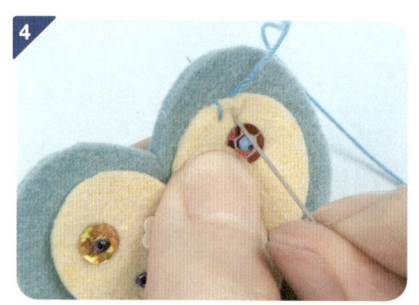

같은 방법으로 계속 바느질을 해나갑니다.

처음 시작한 위치까지 바느질을 한 후, 뒷면에서 매듭짓고 마무리하면 아플리케 완성입니다.

04 아플리케 2 `DVD 2-04`
(응용법)

버튼홀스티치 모양과 비슷한 아플리케 기법입니다. 아플리케1보다 스티치 느낌이 강하기 때문에 실 색상은 보색이나 튀는 색상을 사용하는 것이 훨씬 예쁩니다.

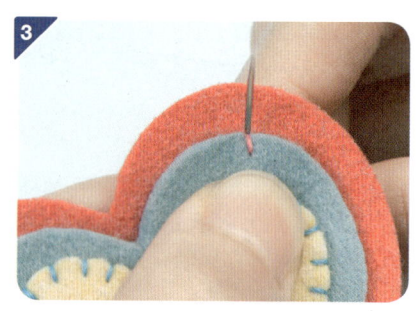

레드 큰 하트에 베이비블루 작은 하트를 아플리케2 방법으로 고정해보겠습니다. 바늘을 큰 하트 뒷면에서 작은 하트 가장자리에 맞춰 통과시킵니다.

바늘이 나온 곳에서 약 3mm 직선으로 내려와 바늘을 넣습니다(여기까지는 아플리케1과 동일).

다시 첫 땀으로 돌아가 바늘을 뒤에서 앞으로 통과시킵니다.

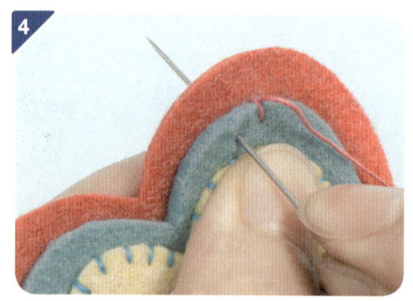

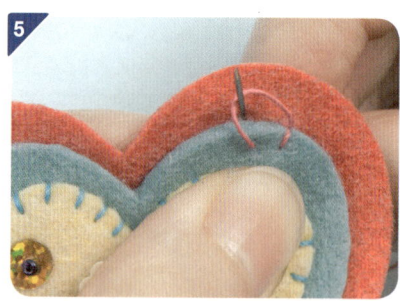

옆으로 3mm, 아래로 3mm 이동해 바늘을 통과시킵니다. 이때 실은 끝까지 잡아 당기지 말고 조금 남겨둡니다.

조금 남겨둔 실 고리 사이로 바늘을 뒤에서 앞으로 통과시킵니다.

실을 끝까지 잡아당기면 아플리케1에 가로 선이 생겨 버튼홀스티치 모양의 아플리케가 됩니다. 같은 방법으로 끝까지 바느질을 해나갑니다.

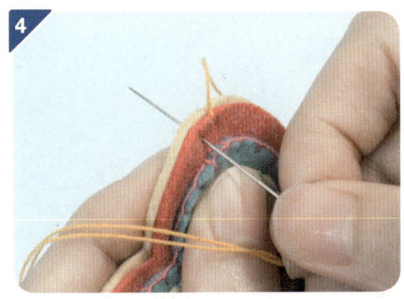

처음 시작한 땀의 직전까지 바느질이 끝나면, 첫 땀의 가로와 세로가 크로스 되는 지점에 바늘을 넣어 빼냅니다.

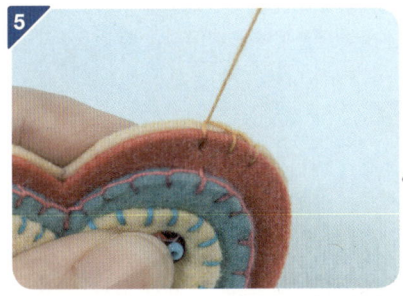

그대로 첫땀의 위치에서 바늘을 앞에서 뒤로 통과시킵니다.

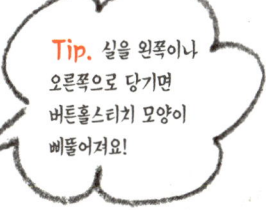

뒷면에서 마무리하면 아플리케2가 완성됩니다.

05 버튼홀스티치 `DVD 2-05`

펠트의 기본이 되는 바느질법으로, 같은 크기의 면과 면을 이을 때 주로 사용합니다. 실 색상은 주로 펠트와 비슷한 색상을 사용하는 것이 일반적입니다.

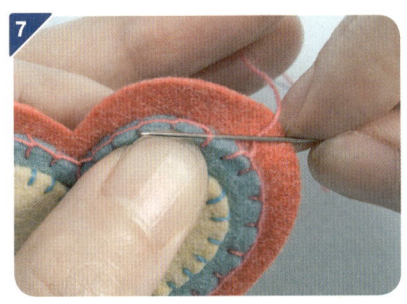

버튼홀스티치 할 펠트 2장을 겹친 후 뒤에 있는 1장만 앞에서 뒤로 실을 꿴 바늘을 통과시킵니다.

바늘을 다시 앞에 두고 실을 왼쪽에 오도록 합니다. 실이 나온 가장자리에서 약 3mm 내려와 앞에서 뒤로 2장을 같이 통과시킵니다. 이때 바늘은 실의 고리 사이로 나옵니다.

사진과 같이 뒷면의 바늘땀 위치에서 펠트 2장 사이로 바늘을 넣어 빼냅니다. 버튼홀스티치의 시작점이 됩니다.

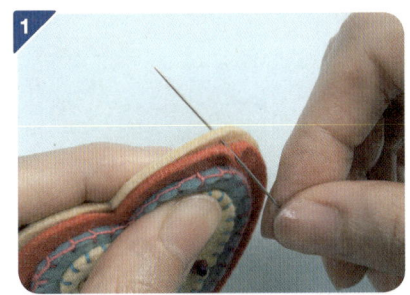

바늘을 다시 앞에 두고 실을 왼쪽에 오도록 합니다. 옆으로 3mm, 아래로 3mm 이동해 2장을 같이 통과시킵니다.

실을 가장자리와 직각으로 끝까지 잡아당기면 사진과 같은 모양이 나옵니다.

Tip. 실을 왼쪽이나 오른쪽으로 당기면 버튼홀스티치 모양이 삐뚤어져요!

Tip. 버튼홀스티치는 같은 위치에서 2번 반복하면 풀리지 않으므로 따로 매듭이 필요 없어요!

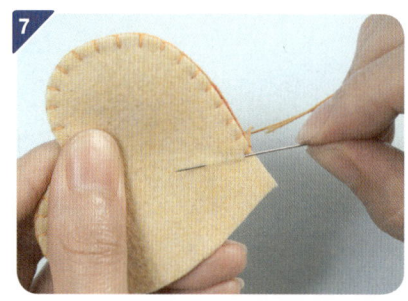

원하는 곳까지 버튼홀스티치를 한 후 마지막 땀은 같은 위치에서 2번 반복합니다.

뒷장의 바늘땀으로 바늘을 넣어 살짝 떠서 멀리 빼내고 실을 바짝 잘라냅니다.

버튼홀스티치가 완성되었습니다.

06 버튼홀스티치 중간에 실 잇기　DVD 2-06

버튼홀스티치를 하는 도중에 실이 짧아서 마무리하고 다시 이을 때 사용하는 방법입니다. 이해를 돕기 위해 녹색 실로 이어보겠습니다.

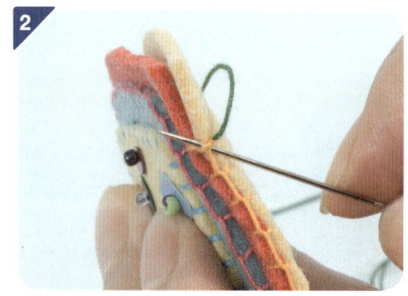

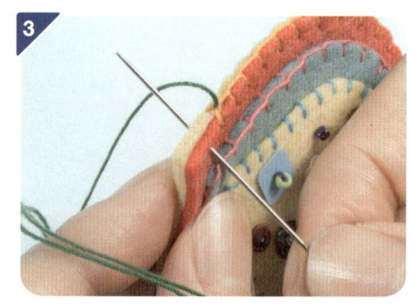

실을 꿴 바늘을 뒷장 마지막 땀으로 빼냅니다.

마지막 땀의 가로와 세로가 크로스 되는 지점에 바늘을 통과시켜 실을 걸어줍니다.

실이 펠트 2장 사이로 나오면 버튼홀스티치를 계속해나갑니다.

07 버튼홀스티치 응용하기　DVD 2-07

지그재그 모양의 버튼홀스티치 기법입니다. 버튼홀스티치를 2번씩 반복하기 때문에 더 튼튼하며 단춧구멍을 마무리할 때 응용하면 좋습니다.

펠트 2장을 겹친 후 뒤에 있는 1장만 앞에서(가장자리에서 3mm 아래) 펠트 재단 단면으로 실을 꿴 바늘을 통과시킵니다.

바늘을 앞에 두고 실을 왼쪽에 오도록 합니다. 옆땀으로 이동해 2장을 같이 통과시킵니다.

그리고 실은 오른쪽 사선 방향으로 잡아 당깁니다.

4

첫 땀과 같은 위치에서 **2**를 반복합니다.

5

이번에는 실을 왼쪽 사선 방향으로 잡아당깁니다. 사진과 같이 세모 모양이 되도록 만들어줍니다.

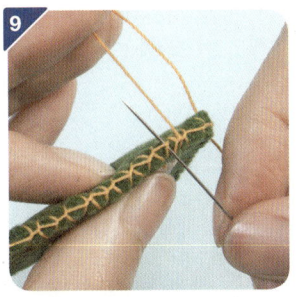

6

옆으로 한땀 이동해 버튼홀스티치를 하되 실을 오른쪽 사선 방향으로 잡아당깁니다.

7

역시 같은 땀에서 버튼홀스티치를 하고 실은 왼쪽 사선 방향으로 잡아당깁니다.

8

두 번씩 방향을 다르게 반복하여 마지막 땀까지 바느질을 한 모습입니다.

9

첫 땀의 가로와 세로가 크로스 되는 지점에 바늘을 넣어 빼내고 실을 정리합니다.

10

버튼홀스티치 응용하기가 완성되었습니다.

08 러닝스티치 `DVD 2-08`

'홈질'과 같은 말입니다. 얼굴 표정이나 장식 선을 표현할 때 주로 사용합니다.

1

러닝스티치 할 선을 기화성펜으로 표시한 후, 실을 펜 바늘을 선에 맞춰 뒤에서 앞으로 빼냅니다.

2

Tip. 한 땀의 길이는 3mm 정도가 적당해요!

선을 따라 원하는 만큼 간격을 두고 바늘을 앞에서 뒤로 통과시킵니다(한 땀).

3

동일한 간격을 두고 이동해 바늘을 뒤에서 앞으로 통과시킵니다.

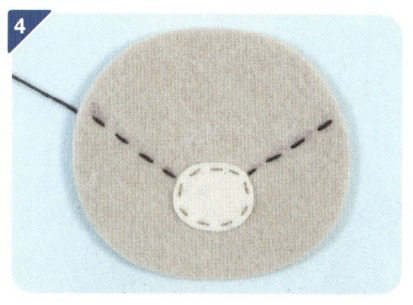

Tip. 표현할 선이 직선이든 곡선이든 방법은 같아요. 단, 곡선을 표현할 때는 땀의 간격을 짧게 하세요!

계속 반복하면 러닝스티치가 완성됩니다.

09 백스티치 DVD 2-09

'박음질'과 같은 말입니다. 얼굴 표정을 표현할 때나 튼튼하게 바느질해야 할 곳에 자주 사용합니다.

백스티치 할 선을 기화성펜으로 표시한 후, 실을 꿴 바늘을 선에 맞춰 뒤에서 앞으로 빼냅니다.

선을 따라 원하는 만큼 간격을 두고 바늘을 앞에서 뒤로 통과시킵니다.

동일한 간격을 두고 이동해 바늘을 뒤에서 앞으로 통과시킵니다.

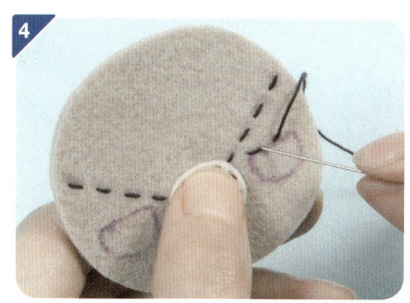

바로 전 땀이 끝난 위치에 바늘을 넣어 뒤로 빼냅니다.

동일한 간격을 두고 이동해 바늘을 뒤에서 앞으로 통과시킵니다.

계속 반복하면 백스티치가 완성됩니다.

10 프렌치너트스티치 DVD 2-10 '매듭법'이라고도 합니다. 인형의 눈, 씨앗 등을 표현할 때 많이 사용합니다.

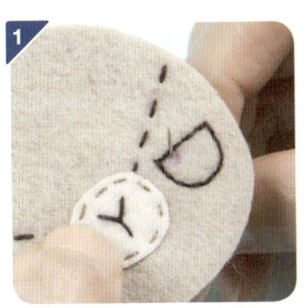

Tip. 실을 감는 횟수가 많을수록 매듭의 크기가 커져요!

프렌치너트스티치 할 곳을 기화성펜으로 표시한 후, 실을 꿴 바늘을 뒤에서 앞으로 빼냅니다.

실을 바늘에 여러 번 감아줍니다.

제 위치에 바늘을 펠트 면과 닿도록 올려놓고, 실을 팽팽하게 바짝 당긴 다음, 그대로 바늘을 통과시킵니다.

바늘을 끝까지 잡아당기면 바늘에 감았던 실에 사진과 같이 매듭이 만들어지며 프렌치너트스티치가 완성됩니다.

11 끼워박기 DVD 2-11 버튼홀스티치를 하다가 펠트 사이에 겉으로 튀어나오는 조각 펠트를 끼워 연결할 때 사용하는 바느질법입니다.

버튼홀스티치 하던 펠트 2장 사이에 조각 펠트 1장을 끼우고 3장을 한꺼번에 앞에서 뒤로 바늘을 통과시킵니다.

이때 실을 끝까지 잡아당기지 않고 사진처럼 약간의 고리를 남겨놓습니다.

펠트를 돌려 뒤쪽에서 조각 펠트 1장에만 바늘을 넣어 통과시킵니다. 이때 바늘이 나온 위치에서 일직선 위로 올라가 가장자리에 맞닿게 바늘을 넣습니다.

앞쪽으로 바늘이 나오면 **2**에서 남겨둔 고리 사이로 빼냅니다.

같은 방법으로 조각 펠트 끝까지 끼워박기를 합니다. 끼워박기가 끝난 후에는 계속해서 버튼홀스티치를 해나갑니다.

12 솜 넣기 `DVD 2-12`   겸자를 사용해 창구멍으로 솜을 골고루 깔끔하게 넣는 방법입니다.

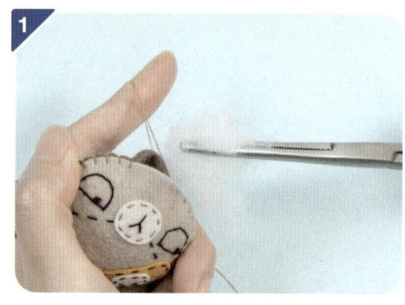

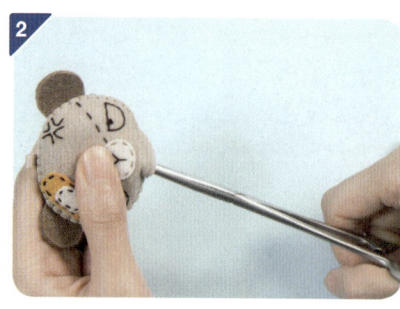

겸자로 솜을 잡은 후 창구멍에서 먼 곳부터 솜을 넣습니다.

솜을 조금씩 자주 넣으면서 빈틈 없이 빼곡하게 넣어줍니다.

솜을 적당량 채운 후 창구멍을 반 정도만 버튼홀스티치로 막습니다.

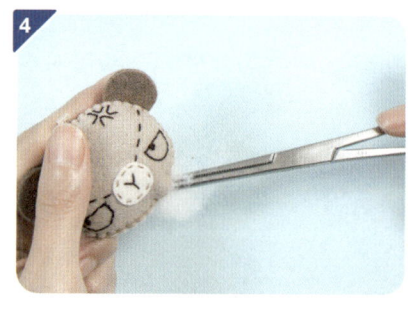

Tip. 솜을 다 채웠다고 생각하고 창구멍을 한 번에 마무리하면 나중에 그 부분만 솜이 부족해 펠트가 울 수 있어요. 솜을 2~3번에 나눠 넣으면서 창구멍을 막아야 전체적으로 단단하게 채워져요.

다시 솜을 조금씩 넣어 창구멍 근처 빈 곳에 넣어줍니다.

버튼홀스티치를 마무리하고 솜이 깔끔하게 채워진 모습입니다.

13 스팽글 달기 `DVD 2-13`   크리스마스 장식 등 화려하게 작품을 꾸미고 싶을 때 주로 많이 사용합니다.

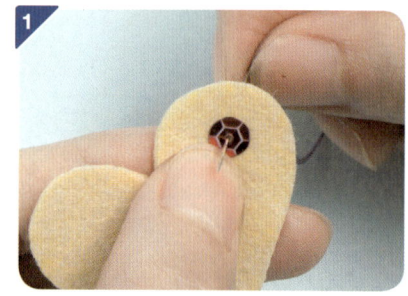

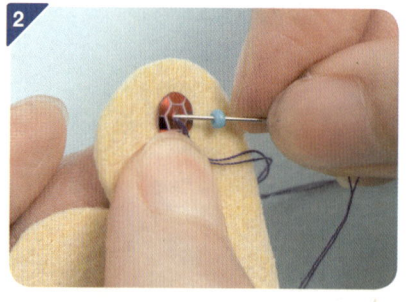

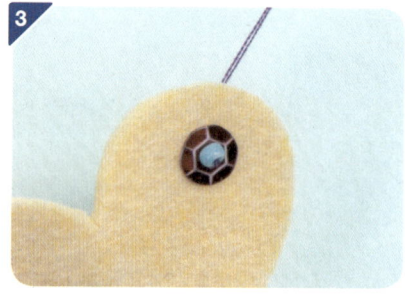

스팽글을 원하는 위치에 놓고, 뒷면에서 스팽글의 가운데 구멍으로 바늘을 통과시킵니다.

바늘에 시드 비즈를 끼우고 다시 스팽글 구멍으로 바늘을 넣어 뒤로 통과시킵니다.

스팽글을 단 모습입니다. 실은 뒤에서 마무리합니다.

14 레이지데이지 스티치 `DVD 2-14`

꽃잎이나 물방울 등을 표현할 때 주로 사용하는 스티치 기법입니다.

스티치할 선을 기화성펜으로 표시한 후, 선에 맞춰 바늘을 뒤에서 앞으로 빼냅니다.

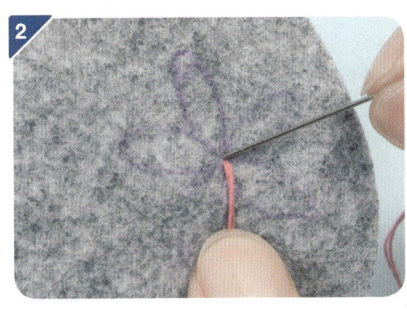

바늘을 다시 같은 위치에 넣어 뒤로 통과시킵니다.

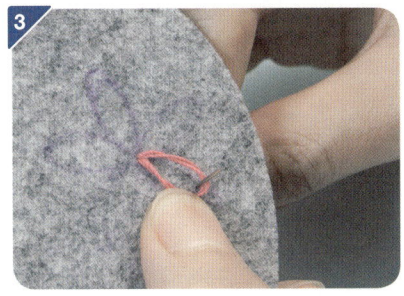

이때 실을 끝까지 잡아당기지 않고 표시선대로 꽃잎 모양의 고리를 남겨둔 후 바늘을 고리 사이로 빼냅니다.

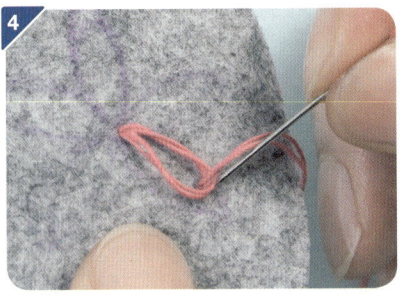

사진과 같이 고리 바깥으로 짧게 한 땀 찔러 뒤로 빼냅니다. 표시 선을 따라 반복합니다.

레이지데이지스티치로 꽃잎을 표현한 모습입니다.

15 체인스티치 `DVD 2-15`

체인이 엮인 듯한 모양의 바느질법입니다. 약간 굵은 선을 스티치하거나 색다른 스티치를 하고 싶을 때 사용합니다.

체인스티치 할 선을 기화성펜으로 표시한 후, 시작 위치에서 바늘을 뒤에서 앞으로 통과시킵니다.

표시 선을 따라 바늘이 나온 위치 바로 옆으로 바늘을 넣어 뒤로 통과시킵니다.

이때 실을 끝까지 잡아당기지 않고 원하는 만큼 고리를 남겨둡니다. 표시 선을 따라 바늘을 고리 사이로 빼냅니다.

바늘이 나온 위치 바로 옆으로 바늘을 넣어 뒤로 통과시킵니다.

이때 실을 끝까지 잡아당기지 않고 앞의 고리만큼 고리를 남겨둔 후 바늘을 고리 사이로 빼냅니다. 표시 선을 따라 반복합니다.

체인스티치로 꽃줄기와 잎사귀를 표현한 모습입니다.

16 새틴스티치 `DVD 2-16`

잎이나 꽃잎 등 면을 채울 때 사용하기 좋은 바느질법입니다. 실은 여러 겹 겹쳐서 사용하거나 두꺼운 실을 사용하는 것이 좋습니다.

채울 면의 한쪽 끝에서 바늘을 뒤에서 앞으로 통과시킵니다.

비스듬하게 다른 쪽 끝으로 바늘을 넣어 뒤로 빼냅니다.

면을 한 줄 한 줄 덮어가는 느낌으로 반복합니다.

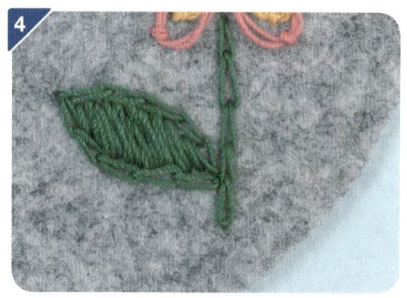

새틴스티치로 잎사귀를 표현한 모습입니다.

17 크로스스티치 `DVD 2-17`   X자 모양의 스티치 기법으로 포인트 장식이나 면 채우기 등 다양한 곳에 사용합니다.

크로스스티치 할 부분을 기화성펜으로 표시한 후, 시작 위치에서 바늘을 뒤에서 앞으로 빼냅니다.

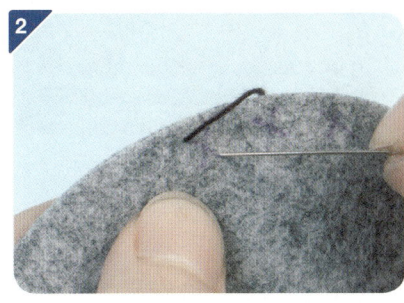

표시 선을 따라 사선으로 한 땀 뜹니다.

크로스 되는 선 끝에서 바늘을 빼냅니다.

표시 선을 따라 사선으로 한 땀 뜹니다. 표시 선을 따라 반복합니다.

크로스스티치가 완성되었습니다.

18 인형 눈 달기 `DVD 2-18`   입체 인형의 눈을 달 때 주로 사용하는 방법입니다.

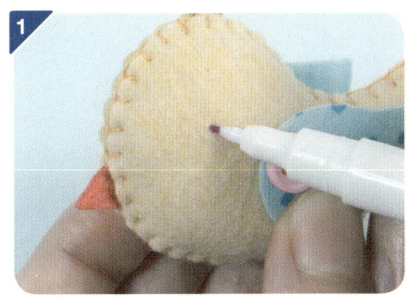

눈을 달 곳을 기화성펜으로 먼저 표시합니다.

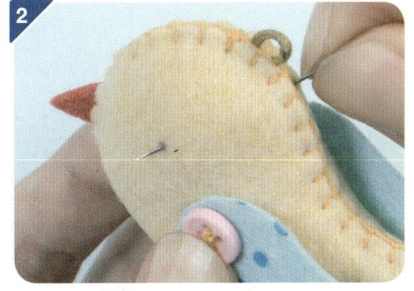

버튼홀스티치가 되어 있는 펠트 2장 사이로 바늘을 넣어 눈 위치로 빼냅니다.

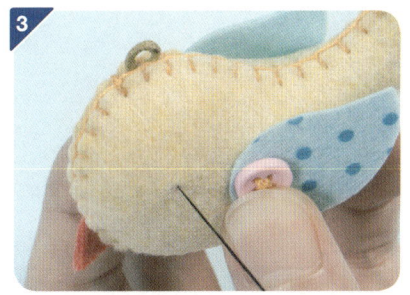

실을 잡아당겨 매듭이 솜 안으로 쏙 들어가도록 합니다.

실에 눈 비즈를 꿰입니다.

바늘이 나온 위치로 바늘을 다시 넣어 반대쪽 눈 위치에서 바늘을 빼냅니다. 이때 반대쪽에도 비즈를 꿰어줍니다.

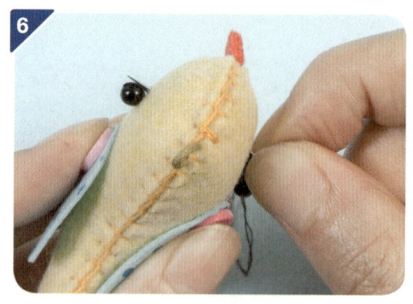

다시 바늘이 나온 위치로 바늘을 넣어 반대쪽 눈 밑으로 빼냅니다.

Tip. 눈을 튼튼히 고정하기 위해 같은 방법으로 한 번 더 반복하면 좋아요!

이때 실을 잡아당겨 눈 부분이 움푹 들어가게 해서 입체감을 줍니다.

바늘이 나온 위치로 바늘을 넣어 버튼홀 스티치 부분(펠트 2장 사이)으로 빼냅니다.

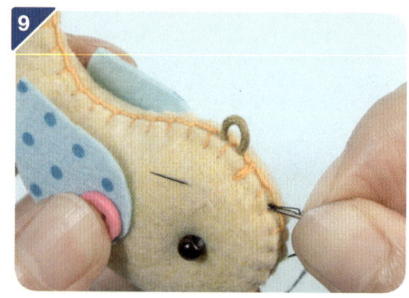

매듭을 지은 후 다시 같은 위치에 바늘을 넣어 멀리 빼냅니다. 실을 잡아당겨 매듭이 안으로 쏙 들어가도록 합니다.

남은 실을 가위로 바짝 잘라내면 인형 눈 달기 완성입니다.

19 공그르기 DVD 2-19

창구멍을 막을 때 주로 많이 사용하며, 겉으로 바늘땀이 보이지 않아 밑단 처리할 때에도 많이 쓰이는 바느질법입니다.

위쪽에 튀어나온 창구멍 부분이 공그르기 할 곳입니다.

창구멍 시접 부분을 안으로 말아 접습니다.

바늘이 나온 위치의 반대편에 사진과 같이 바늘을 넣어 한 땀 뜹니다.

다시 바늘이 나온 위치의 반대편에 사진과 같이 바늘을 넣어 한 땀 뜹니다. 끝까지 반복합니다.

공그르기가 완성되었습니다. 겉으로 바늘땀이 거의 보이지 않습니다.

20 똑딱 단추 달기 DVD 2-20

여밈 장식으로 많이 사용하는 똑딱 단추와 자석 단추를 다는 방법입니다. 암수 한 쌍으로 구성되어 있으므로 펠트가 맞닿는 곳에 각각 달아줍니다.

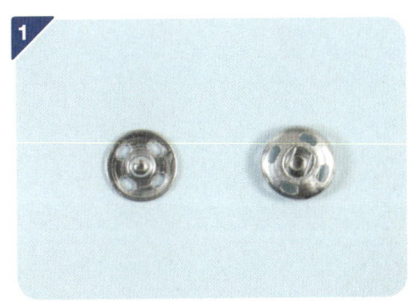

똑딱 단추 암수 한 쌍입니다. 단추를 달 위치에 각각 올려놓습니다.

똑딱 단추의 구멍으로 바늘을 뒤에서 앞으로 빼냅니다.

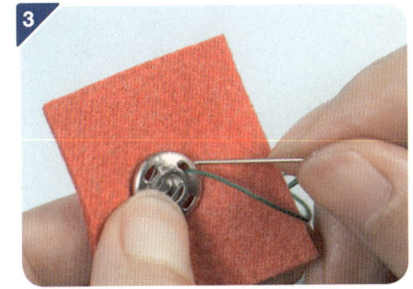

구멍 바깥쪽으로 바늘을 한 땀 옮겨 뒤로 통과시킵니다.

같은 방법으로 모든 구멍을 각각 2번씩 반복해서 달아줍니다.

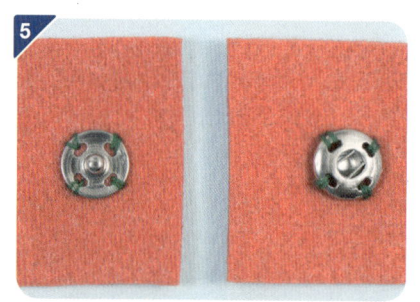

똑딱 단추 달기가 완성되었습니다.

21 프레임 달기 `DVD 2-21`

지갑이나 파우치 등의 입구를 프레임을 이용해 다는 방법입니다.

프레임과 연결할 펠트를 준비합니다.

연결할 펠트의 앞장과 프레임 앞쪽을 맞춰 끝까지 끼웁니다.

프레임에 있는 구멍을 따라 박음질(백스티치)로 끝까지 연결합니다.

뒷장도 같은 방법으로 연결하면 프레임 달기 완성입니다.

22 홀(hole) 재단하기

도안에 따라 펠트를 재단할 때 특정 모양의 구멍을 깔끔하게 잘라내는 방법을 소개합니다.

하트 모양 구멍이 생기도록 도안 선 안쪽을 재단할 예정입니다.

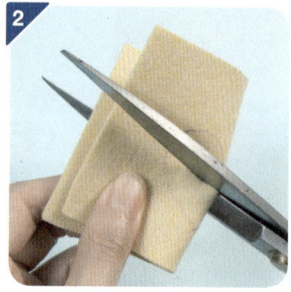

재단할 모양의 중심선을 기준으로 반 접고 가위 날이 들어갈 정도로 가위집을 살짝 냅니다.

가위집으로 가위 날을 넣고 도안 선을 따라 자릅니다.

하트 모양 구멍이 깔끔하게 재단되었습니다.

23 2mm펠트를
보풀방지펠트로
만드는 팁

2mm펠트 표면의 자잘한 섬유들을 라이터 불로 살짝 그슬어 코팅이 되게 하여 표면에 보풀이 생기지 않도록 만드는 방법을 소개합니다.

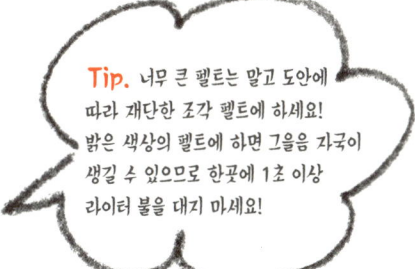

Tip. 너무 큰 펠트는 말고 도안에 따라 재단한 조각 펠트에 하세요! 밝은 색상의 펠트에 하면 그을음 자국이 생길 수 있으므로 한곳에 1초 이상 라이터 불을 대지 마세요!

라이터 불을 약하게 해서 펠트 표면의 자잘한 섬유들이 약간 까끌까끌해질 정도로만 태우면 보풀 방지 효과가 생깁니다.

PART 2

~

Works with DVD

01 리얼 로즈
스마트폰 스트랩

DVD 3-01

바느질법 체인스티치
레이지데이지스티치
러닝스티치
예상 제작 시간 약 30분
완성 크기 약 1.6×13.5cm

준비물

펠트
☐ 2mm펠트(레드)

도구
☐ 바늘
☐ 실(흰색, 녹색, 검정 수실)
☐ 기화성펜
☐ 가위

재료
☐ 레인보우 리본
☐ 레이스 캡
☐ 오링
☐ 휴대폰 줄
☐ 참 장식
☐ 평집게

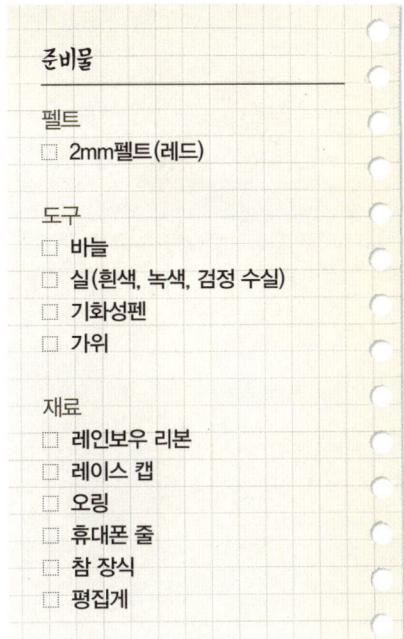

1

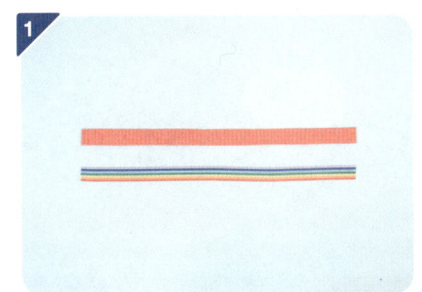

펠트를 레이스 캡 가로 크기에 맞게 재단합니다(본 작품에서는 1.6×28cm). 펠트의 재단 크기에 맞게 레인보우 리본도 같이 재단합니다.

2

장미 자수를 놓기 위해 바늘에 흰색 수실을 꿰니다. 펠트 상단에서 약 1.5cm 내려온 지점에 바늘을 뒤에서 앞으로 빼냅니다.

Tip. 장미 자수는 체인스티치를 삼각형 모양으로 만들면서 시작해요.

3

사선으로 체인스티치를 좁게 한 땀 놓습니다.

4

삼각형 모양이 되도록 다른 방향으로 체인스티치 한 땀을 더 놓습니다.

5

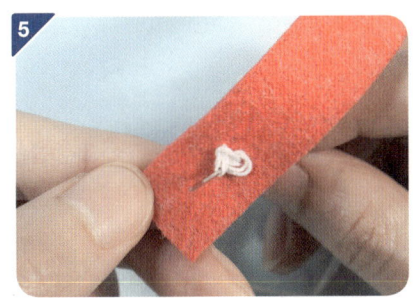

체인스티치의 끝이 각각 삼각형의 세 모서리가 되도록 마지막 땀을 놓습니다.

6

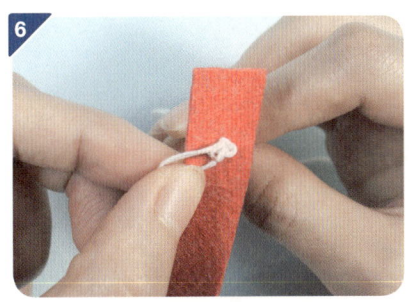

이제 삼각형 주위를 돌며 체인스티치를 살짝 겹치면서 이어갑니다.

7

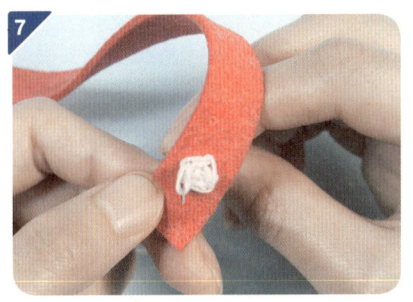

실이 계속 겹쳐지게 체인스티치를 해야 장미꽃이 풍성하게 나옵니다.

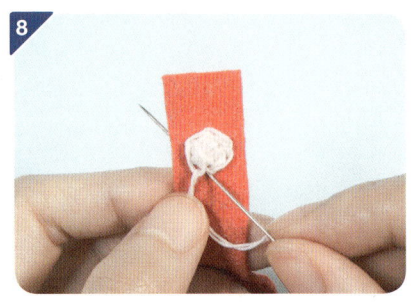

8 원하는 크기가 나올 때까지 체인스티치를 반복하고, 레이지데이지스티치로 마무리합니다.

9 바늘에 녹색 수실을 꿴 다음, 레이지데이지스티치로 장미 잎사귀를 표현합니다.

10 장미 잎사귀는 2장을 만듭니다.

11 장미 자수 한 송이가 완성되었습니다.

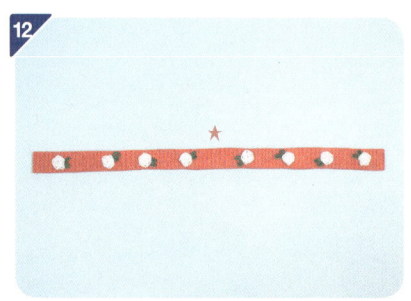

12 이제 장미 자수를 일정한 간격을 두고 반복해서 놓습니다. 잎사귀의 방향은 순서대로 반대가 되게 합니다. 펠트의 중간(★)을 기준으로 반대편은 대칭으로 자수를 놓습니다.

13 장미 자수가 완성된 펠트 뒷면에 레인보우 리본을 맞대어 잡습니다.

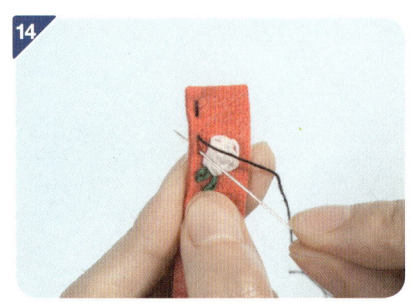

14 펠트와 리본을 겹쳐 가장자리 안쪽을 일정한 간격으로 러닝스티치 합니다.

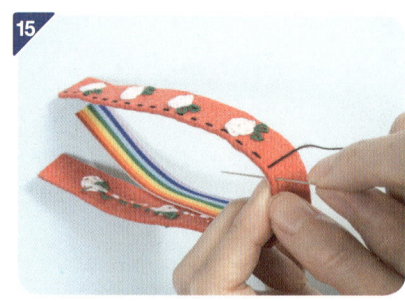

15 러닝스티치를 하다가 펠트의 중간에 이르면, 사진과 같이 펠트를 반으로 접은 상태에서 러닝스티치 합니다.

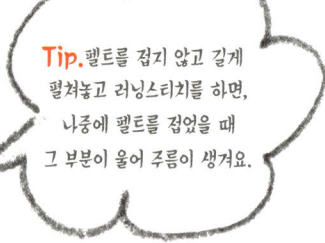

Tip. 펠트를 접지 않고 길게 펼쳐놓고 러닝스티치를 하면, 나중에 펠트를 접었을 때 그 부분이 울어 주름이 생겨요.

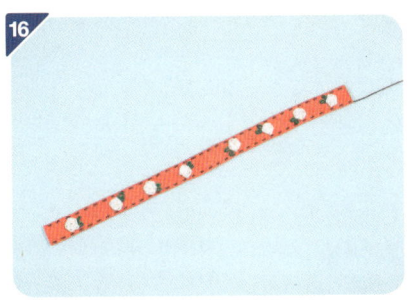

양쪽 가장자리를 모두 러닝스티치를 한
모습입니다.

펠트 양끝을 모아 버튼홀스티치로 연결
합니다.

레이스 캡을 그대로 끼웁니다.

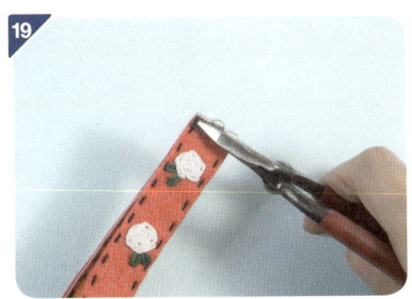

평집게로 꾹 눌러 고정합니다.

레이스 캡 고리에 오링과 참 장식을 끼
웁니다.

휴대폰 줄을 끼우면 리얼 로즈 스마트폰
스트랩 완성입니다.

02 부엉이 키홀더

DVD 3-02

바느질법 아플리케,
버튼홀스티치
러닝스티치
백스티치
끼워박기
예상 제작 시간 약 2시간
완성 크기 약 7.5×10cm

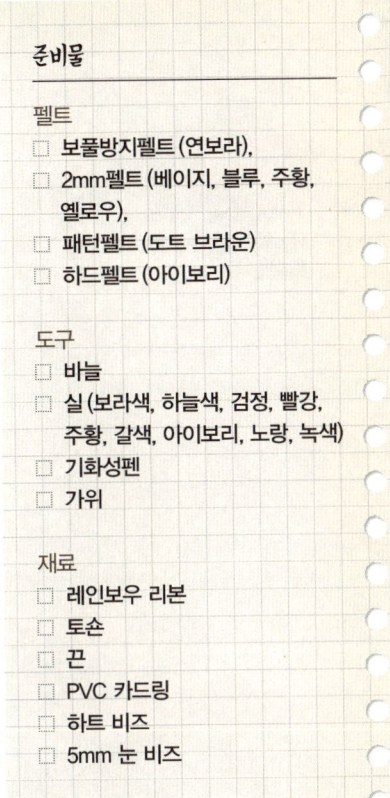

준비물

펠트
- [ ] 보풀방지펠트 (연보라),
- [ ] 2mm펠트 (베이지, 블루, 주황, 옐로우),
- [ ] 패턴펠트 (도트 브라운)
- [ ] 하드펠트 (아이보리)

도구
- [ ] 바늘
- [ ] 실 (보라색, 하늘색, 검정, 빨강, 주황, 갈색, 아이보리, 노랑, 녹색)
- [ ] 기화성펜
- [ ] 가위

재료
- [ ] 레인보우 리본
- [ ] 토숀
- [ ] 끈
- [ ] PVC 카드링
- [ ] 하트 비즈
- [ ] 5mm 눈 비즈

1

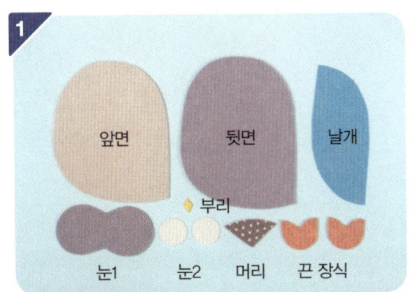

실물본을 참고하여 모든 펠트를 재단합니다.

2

앞면 펠트 위에 날개 펠트를 올려놓고, 그 사이에 토숀을 끼웁니다.

3

바늘에 하늘색 실을 꿴 다음, 날개 펠트 왼쪽 가장자리를 아플리케로 고정합니다.

4

눈1 펠트 위에 눈2를 올려놓고 각각 아이보리 실로 아플리케 한 다음, 눈 비즈를 답니다.

5

눈 비즈 옆으로 검정 실을 이용해 세 땀씩 스티치 하면 부엉이 눈 완성입니다.

6

부엉이 머리 부분에 도트 브라운 펠트를 올려놓고 아래 V 선을 따라 아플리케 합니다. 부엉이 눈도 가장자리를 따라서 보라색 실로 러닝스티치로 고정합니다.

7

부엉이 부리를 달고(가로 중심을 백스티치), 날개 부분에 새싹 모양 스티치를 합니다.

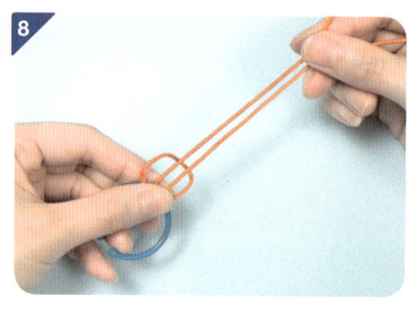

PVC 카드링에 끈을 사진과 같이 고리를 만들어 끼웁니다.

완성된 키홀더 링을 부엉이 뒷면 중간에 올려놓고, 레인보우 리본도 반 접어 라벨처럼 올려놓습니다.

부엉이 앞면을 올려놓고 날개 부분부터 하늘색 실로 버튼홀스티치 합니다. 레인보우 리본은 끼워박기 합니다.

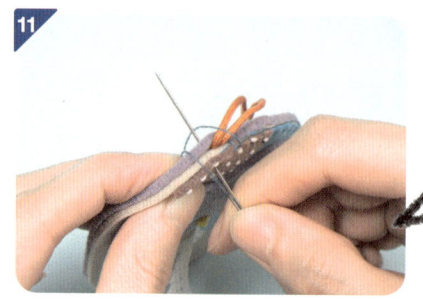

버튼홀스티치를 하다가 끈 부분은 버튼홀스티치 한 땀으로 건넙니다.

Tip. 끈 사이에 바늘을 넣어 스티치를 하면 끈을 자유자재로 빼고 넣고 할 수 없으니 끈 부분은 한 땀으로 바로 건너세요.

토숀은 안으로 말아 접어 그대로 버튼홀스티치 하다가, 토숀이 끝나는 곳(앞면과 뒷면이 갈라지는 곳)에서는 앞면으로 버튼홀스티치를 이어갑니다.

앞면의 버튼홀스티치가 끝나면 다시 첫 땀으로 돌아옵니다.

바로 뒷면으로 이어지도록 버튼홀스티치 합니다.

뒷면의 버튼홀스티치는 앞면과 뒷면이 갈라지는 곳으로 돌아와 끝이 납니다.

40

16

앞면과 뒷면의 버튼홀스티치가 끝난 모습입니다.

17

부엉이 머리 부분의 끈은 적당한 길이로 자른 다음 하트 비즈를 끼우고 끝 부분에 매듭을 짓습니다.

18

끈 장식 펠트를 2장 겹쳐 매듭을 안으로 넣고, 버튼홀스티치나 러닝스티치로 고정합니다.

19

부엉이 키홀더가 완성되었습니다.

03 카네이션 티코스터

DVD 3-03

바느질법 러닝스티치
백스티치
예상 제작 시간 약 1시간 30분
완성 크기 11×11cm

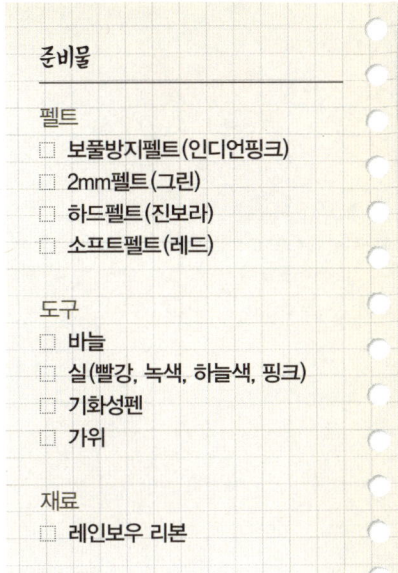

준비물

펠트
- ☐ 보풀방지펠트 (인디언핑크)
- ☐ 2mm펠트 (그린)
- ☐ 하드펠트 (진보라)
- ☐ 소프트펠트 (레드)

도구
- ☐ 바늘
- ☐ 실 (빨강, 녹색, 하늘색, 핑크)
- ☐ 기화성펜
- ☐ 가위

재료
- ☐ 레인보우 리본

1

실물본을 참고하여 모든 펠트를 재단합니다.

2

티코스터 앞면에 카네이션 꽃잎 3장을 사진과 같이 겹쳐서 아랫부분만 고정합니다.

3

그 위에 또 꽃잎 2장을 겹쳐서 아랫부분만 고정합니다.

4

그 위에 또 꽃잎 4장을 서로 엇갈리게 놓고 아랫부분만 고정합니다 (꽃잎 총 9장).

5

꽃받침 펠트를 카네이션 꽃잎 아랫부분에 올려놓고 러닝스티치로 고정합니다.

6

기화성펜으로 잎사귀와 줄기의 위치를 잡습니다.

7

줄기와 잎사귀를 백스티치 합니다. 잎사귀는 중심선을 백스티치로 고정합니다.

8

9

10

같은 방법으로 카네이션 한 송이를 더 완성합니다(오른쪽 카네이션의 꽃잎은 총 6장).

티코스터 하단에 적고 싶은 문구를 기화성펜으로 먼저 씁니다.

예쁘게 백스티치 합니다.

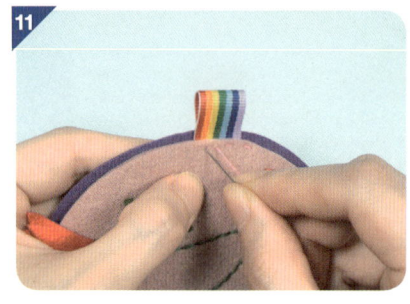

11

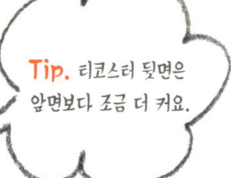

Tip. 티코스터 뒷면은 앞면보다 조금 더 커요.

티코스터 뒷면을 겹쳐 그 사이에 레인보우 리본을 라벨처럼 끼운 다음, 앞면의 가장자리에서 약 2mm 안쪽을 러닝스티치로 모두 고정합니다.

12

카네이션 티코스터가 완성되었습니다.

44

04 믹스매치 컬러
캥거루 인형

DVD 3-04

바느질법 러닝스티치
버튼홀스티치
백스티치
끼워박기
공그르기
예상 제작 시간 약 5~6시간
완성 크기 14×23cm

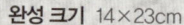

펠트
- ☐ 2mm펠트 (레드, 베이지, 옐로우, 핑크, 인디언핑크)
- ☐ 소프트펠트 (아이보리, 연두)
- ☐ 패턴펠트 (도트 브라운)

원단
- ☐ 브라운 도트

도구
- ☐ 바늘
- ☐ 이불바늘(장바늘)
- ☐ 실(빨강, 노랑, 아이보리, 핑크)
- ☐ 기화성펜   ☐ 겹자
- ☐ 가위   ☐ 시침핀

재료
- ☐ 솜
- ☐ 약 1cm 컬러 단추 4개 (캥거루 눈, 팔 연결)
- ☐ 나비 비즈 단추 1개 (캥거루 주머니 장식)
- ☐ 미니 컬러 단추 2개 (아기 캥거루 팔 연결)
- ☐ 검정 시드 비즈 2개(아기 캥거루 눈)
- ☐ 컬러 폼폼 2개 (캥거루와 아기 캥거루 코)

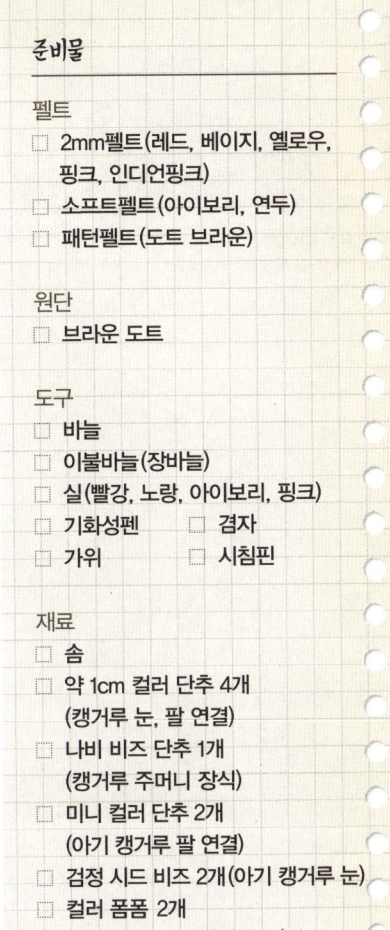

실물본을 참고하여 모든 펠트를 재단합니다. 위의 사진은 몸통에 사용할 펠트입니다.

Tip. 재단 펠트를 몸통, 머리, 아기 캥거루로 구분해두세요.

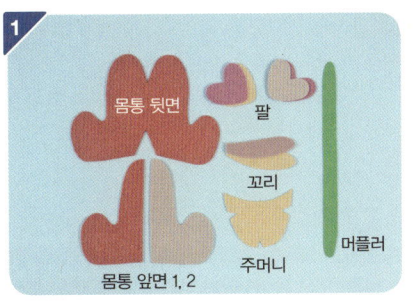

머리에 사용할 펠트입니다.

아기 캥거루에 사용할 펠트입니다.

머리 만들기 →

귀 아이보리 펠트와 도트 브라운 원단의 겉쪽이 서로 마주보도록 놓습니다.

약 3mm 정도 시접을 두고 촘촘하게 홈질을 합니다. 나중에 뒤집어야 하므로 아랫부분에 창구멍을 남겨둡니다.

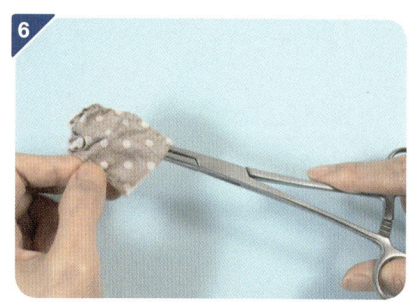

6

창구멍으로 뒤집습니다.

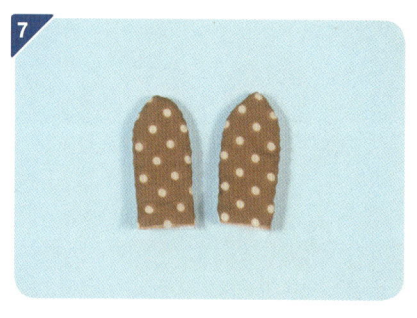

7

뒤집으면 한쪽은 브라운 도트 원단, 다른 한쪽은 아이보리 펠트가 됩니다. 같은 방법으로 귀 1개를 더 만듭니다.

8

귀 아랫부분은 사진과 같이 양쪽을 안쪽으로 접어 바늘 몇 땀으로 고정합니다.

9

다른 쪽 귀는 다른 방향으로 접어 완성합니다.

10

완성된 귀는 얼굴 옆면의 다트 부분에 들어갑니다. 얼굴을 서로 대칭이 되도록 놓고, 귀도 서로 다른 방향으로 놓습니다.

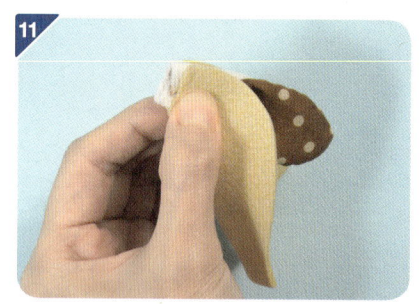

11

다트 사이에 귀를 끼웁니다.

12

귀를 끼운 채로 서로 겹쳐 끼워박기나 백스티치로 고정합니다.

13

Tip. 귀 방향은 접힌 부분이 앞에 오도록 바느질해도 좋아요.

얼굴 옆면에 모두 귀를 끼워박기 한 모습입니다. 귀는 서로 다른 방향입니다.

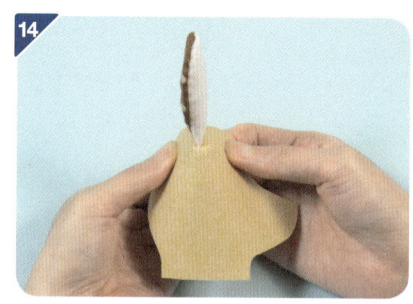

14

귀가 바느질되어 있는 부분을 뒤집습니다. 버튼홀스티치 부분을 손끝으로 꾹꾹 눌러 깔끔하게 정리합니다.

15

얼굴 옆면과 귀의 연결이 끝난 모습 입니다.

16

얼굴 옆면과 중심을 연결할 차례입니다. 중심 펠트의 둥근 부분(도안의 A)을 캥거루 코끝에 맞춥니다.

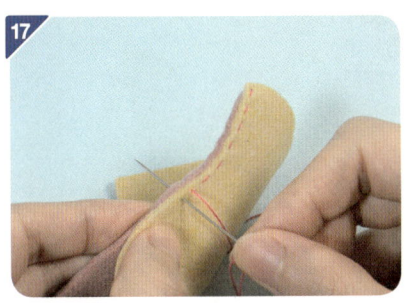

17

서로 맞댄 채로 러닝스티치를 합니다. 러닝스티치는 가장자리 2mm 안쪽으로 일정하게 합니다.

18

귀가 있는 부분도 그대로 러닝스티치 합니다.

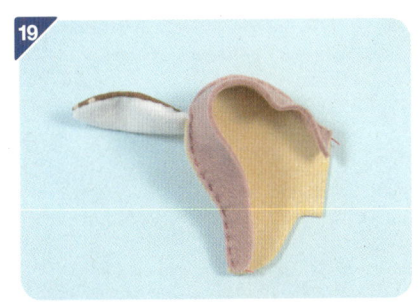

19

얼굴 한쪽을 연결한 모습입니다.

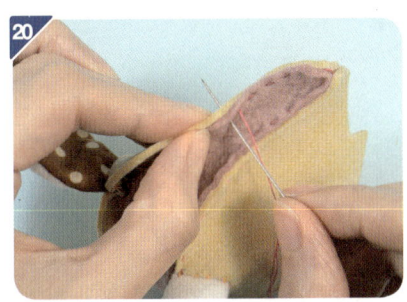

20

반대쪽도 같은 방법으로 연결합니다.

21

얼굴 양쪽 연결이 끝났습니다.

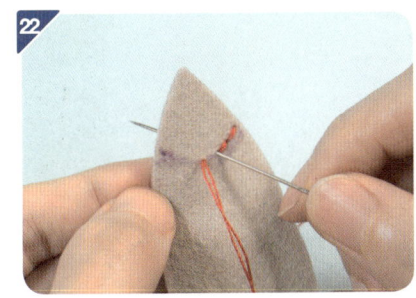

22

얼굴 밑면 펠트에 사진과 같이 입 모양 을 기화성펜으로 표시하고 백스티치 합 니다.

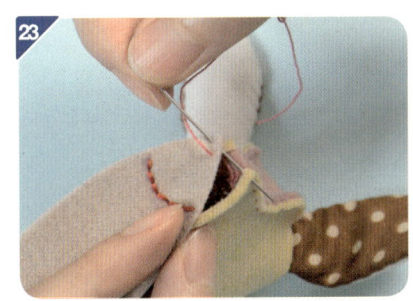

23

얼굴 밑면과 옆면을 러닝스티치로 연결 합니다. 코끝(도안의 A)을 맞댄 곳부터 시 작하여 양쪽을 러닝스티치 합니다.

얼굴 밑면과 옆면의 연결이 끝난 모습입니다.

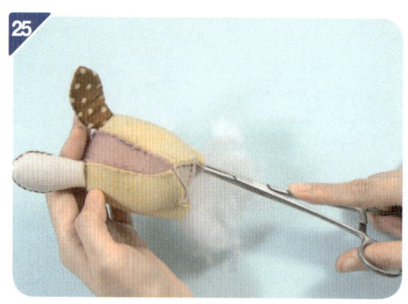

겸자를 사용하여 목 부분으로 솜을 빵빵하게 넣습니다.

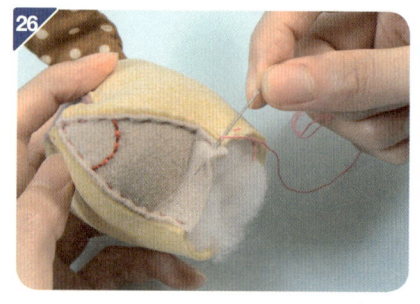

솜을 다 채웠으면 사진과 같이 목 부분 가장자리 약 2mm 안쪽을 쭉 둘러가며 러닝스티치 합니다.

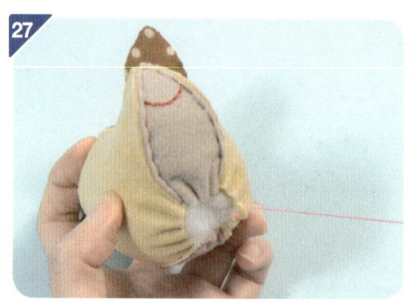

실을 최대한 잡아당겨 오므린 다음, 마무리합니다.

Tip. 눈 위치는 낮게 잡는 것이 예뻐요.

기화성펜으로 눈 위치를 표시합니다.

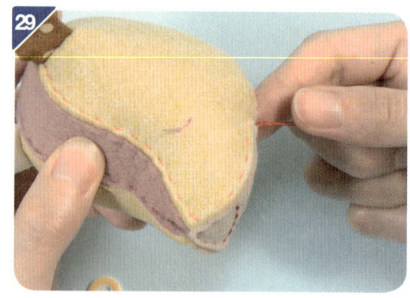

얼굴 옆면과 밑면 연결 부분(러닝스티치 사이)으로 실을 꿴 바늘을 찔러 넣어 매듭을 숨기고, 눈 위치로 빼냅니다.

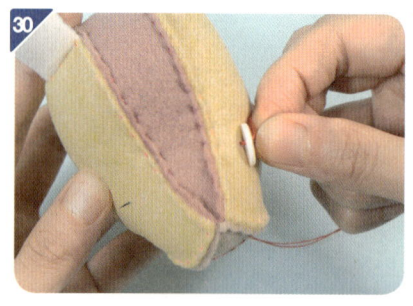

컬러 단추를 달고, 그대로 반대편 눈 위치로 바늘을 빼냅니다.

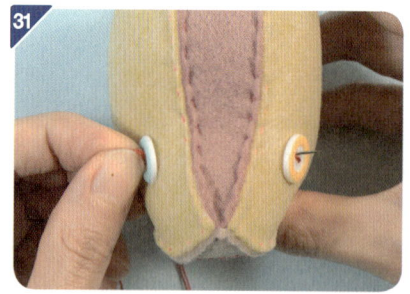

반대편에도 컬러 단추를 답니다. 바늘을 왔다갔다 반복하며 단단하게 답니다.

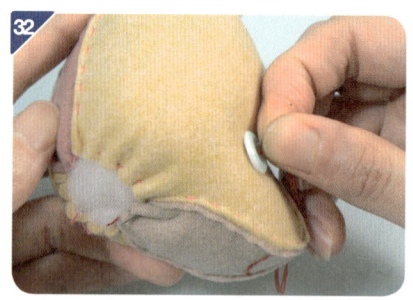

매듭을 지은 다음, 바늘을 밑으로 빼내어 매듭을 숨깁니다.

Tip. 눈 연결한 실을 매듭짓지 않고 그대로 이어서 바느질해도 돼요.

바늘에 다시 실을 꿰어 코끝으로 빼 냅니다.

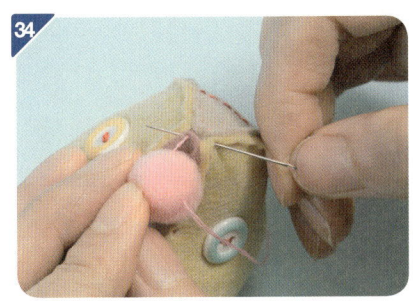

코 끝에 폼폼을 답니다.

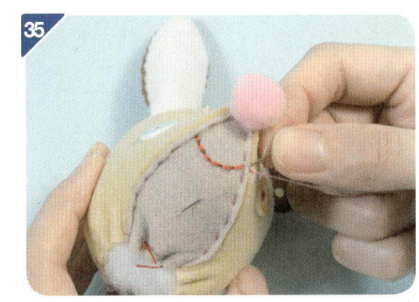

실을 러닝스티치된 펠트 사이에서 매듭 지어 바늘을 멀리 빼내 숨깁니다.

캥거루 머리가 완성되었습니다.

몸통 만들기 →

몸통 앞면 1, 2를 겹쳐 사진과 같이 매 듭을 겉에 둔 채 직선 부분을 버튼홀스 티치 합니다.

버튼홀스티치 부분을 손으로 꾹꾹 눌러 평평하게 해서 뒤집습니다.

주머니 펠트에 사진과 같이 'Baby'를 각 각의 색실로 백스티치하고 나비 비즈 단 추를 답니다.

주머니 뒷면에서 다트를 버튼홀스티치 합니다. 매듭도 뒷면에서 짓습니다.

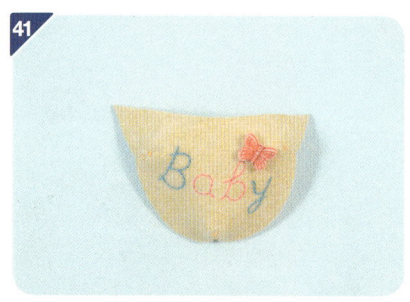

뒤집으면 주머니 완성입니다.

몸통 앞면에 주머니를 사진과 같이 시침핀으로 고정합니다.

러닝스티치로 몸통 앞면과 주머니를 연결하면 몸통 앞면 완성입니다.

몸통 뒷면을 사진과 같이 접습니다.

윗부분을 도안 표시 부분까지 버튼홀스티치로 연결합니다. 이때 매듭은 역시 겉에 둡니다.

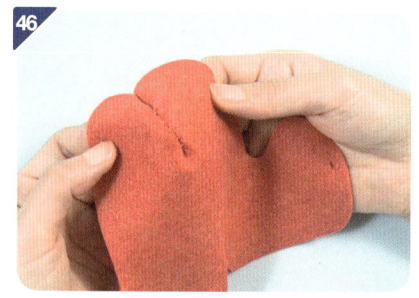

뒤집습니다.

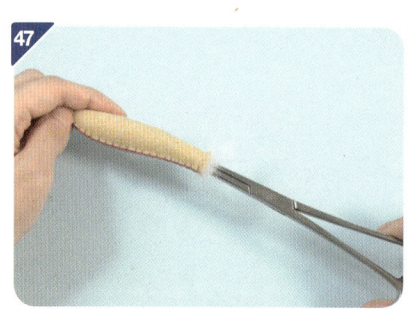

꼬리 2장을 겹쳐 버튼홀스티치 한 다음, 솜을 넣습니다.

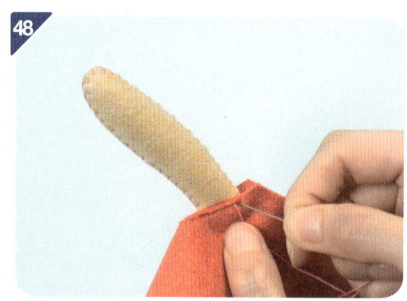

완성한 꼬리를 몸통 뒷면의 꼬리 끼우는 부분에 넣고 사진과 같이 러닝스티치로 고정합니다.

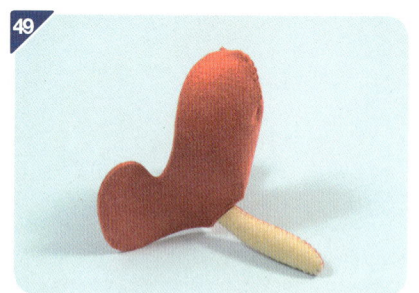

몸통 뒷면이 완성되었습니다.

50

몸통 앞면과 뒷면을 사진과 같이 시침핀으로 임시 고정합니다.

51

몸통의 왼쪽 주머니 시작 부분부터 버튼홀스티치 연결을 시작합니다.

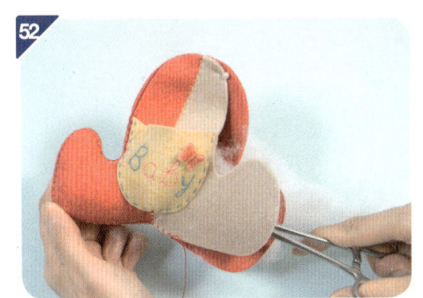

52

우선 왼쪽 다리 부분까지만 버튼홀스티치를 하고 솜을 채웁니다. 그 다음에 오른쪽 다리 버튼홀스티치 후 솜을 넣고 나머지 부분도 바느질 도중 몇 차례에 걸쳐 넣습니다.

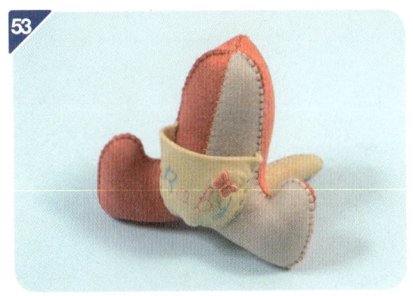

53

몸통이 완성되었습니다.

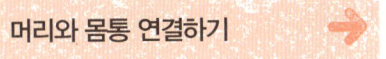

머리와 몸통 연결하기

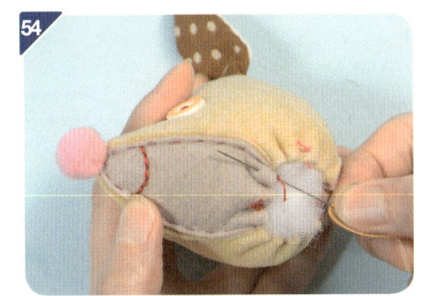

54

머리의 안쪽에서 바깥쪽으로 실을 팬 바늘을 빼냅니다.

55

시침핀으로 머리와 몸통을 바느질하기 좋게 임시 고정합니다.

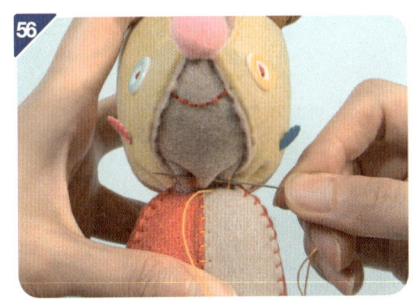

56

머리와 몸통은 공그르기로 연결합니다. 위아래 한 땀씩 번갈아가며 공그르기 합니다.

57

공그르기가 한 바퀴 끝났으면 한 번 더 반복합니다.

머리와 몸통이 연결된 모습입니다.

팔 연결하기 ➡

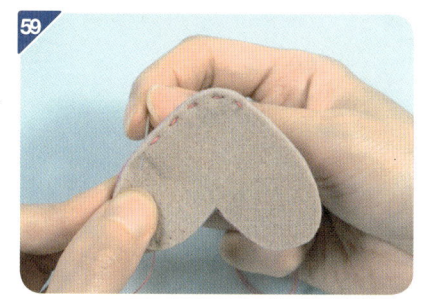

팔 펠트를 2장씩 겹쳐 러닝스티치 합니다.

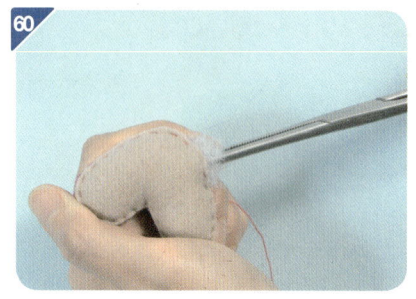

러닝스티치를 마무리하기 전에 솜을 적당히 채워넣고 러닝스티치를 마무리합니다.

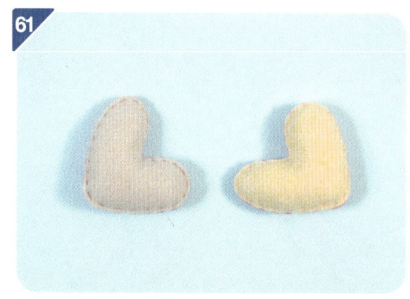

같은 방법으로 반대쪽 팔도 만듭니다.

Tip. 인형 몸통과 팔을 연결하기 위해서는 꼭 이불바늘(장바늘)을 사용하세요.

이불바늘에 굵은 실을 끼운 후 팔을 몸통에 연결할 위치에 찔러 넣고 컬러 단추를 끼웁니다.

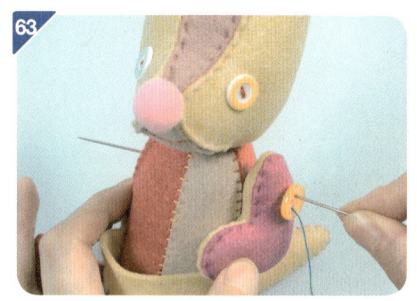

그대로 몸통에 찔러 연결합니다.

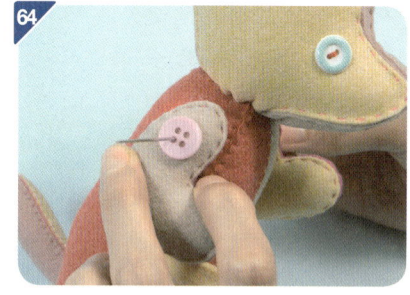

반대쪽 팔도 그대로 관통해서 컬러 단추를 끼워 답니다. 바늘을 왔다갔다 여러 번 반복하여 양쪽 팔을 단단하게 답니다.

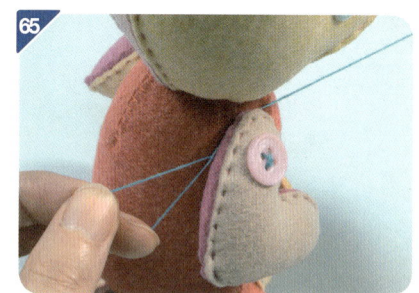

매듭은 팔 안쪽에서 짓습니다.

머플러 펠트를 캥거루 목에 감습니다.

엄마 캥거루 인형이 완성되었습니다.

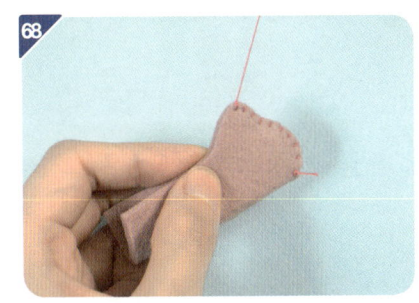

아기 캥거루 만들기 →

몸통을 사진과 같이 접어 코 부분(도안의 a)까지만 버튼홀스티치 합니다. 매듭은 겉쪽에서 짓습니다.

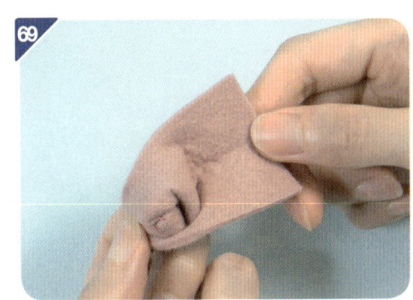

뒤집습니다.

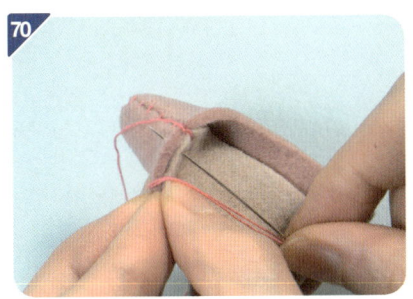

몸통과 배를 사진과 같이 맞대고 중심 부터 왼쪽으로 버튼홀스티치 합니다.

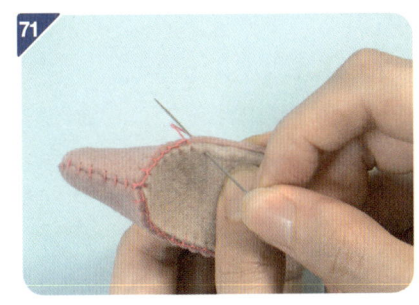

왼쪽 바느질이 끝났으면 오른쪽도 버튼 홀스티치 합니다.

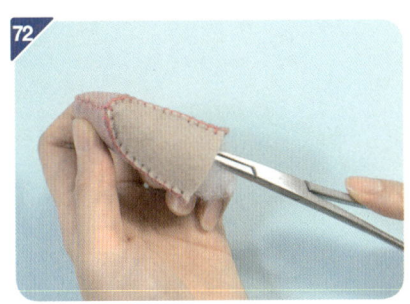

밑으로 솜을 넣고 버튼홀스티치로 마무 리합니다.

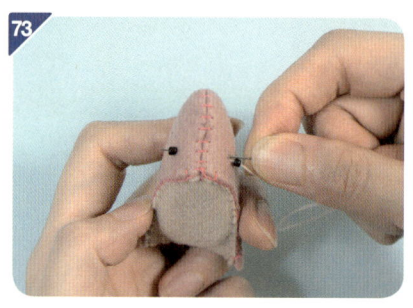

기화성펜으로 눈 위치를 표시한 다음, 검정 시드 비즈를 답니다.

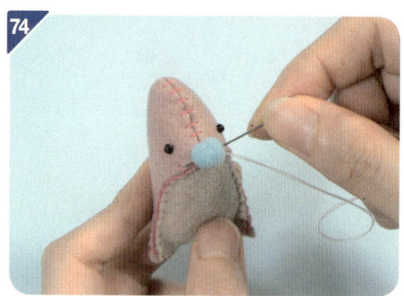

코 끝에 폼폼을 답니다.

귀는 반 접은 상태에서 귀 위치에 연결합니다.

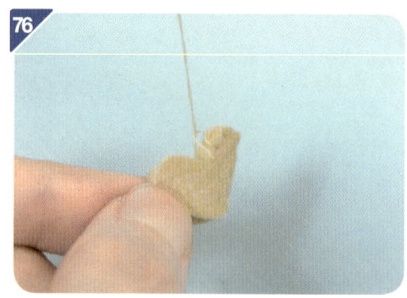

팔은 세로로 반 접어 버튼홀스티치 합니다. 같은 방법으로 다른 쪽 팔도 만듭니다.

미니 컬러 단추로 몸통에 팔을 달면 아기 캥거루 완성입니다.

주머니에 아기 캥거루를 넣습니다. 믹스매치 컬러 캥거루 인형이 완성되었습니다.

05 유리병 리폼
플라워 핀꽂이

DVD 3-05

바느질법 러닝스티치
버튼홀스티치
예상 제작 시간 약 1시간 30분
완성 크기 10×20cm

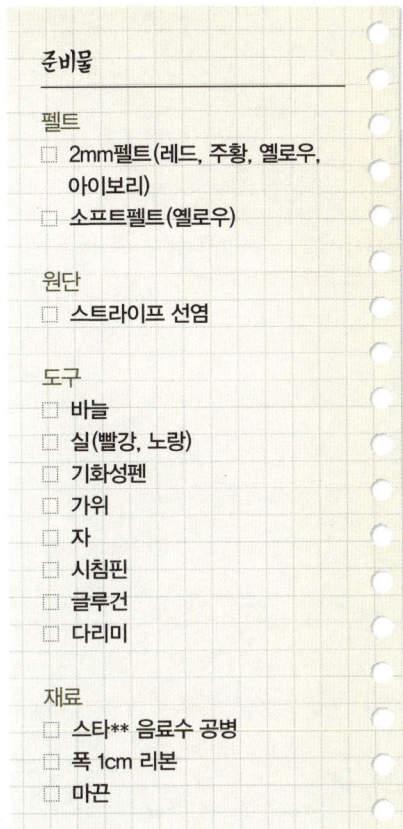

준비물

펠트
- ☐ 2mm펠트(레드, 주황, 옐로우, 아이보리)
- ☐ 소프트펠트(옐로우)

원단
- ☐ 스트라이프 선염

도구
- ☐ 바늘
- ☐ 실(빨강, 노랑)
- ☐ 기화성펜
- ☐ 가위
- ☐ 자
- ☐ 시침핀
- ☐ 글루건
- ☐ 다리미

재료
- ☐ 스타** 음료수 공병
- ☐ 폭 1cm 리본
- ☐ 마끈

1

Tip. 다른 크기의 공병을 준비한 경우에는 크기를 재조정하세요.

스타** 음료수 공병을 준비합니다.

2

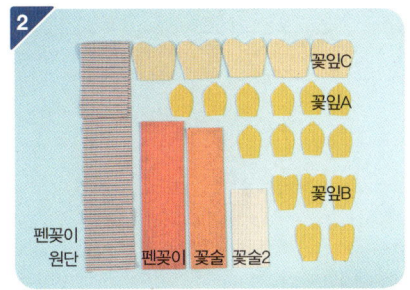

꽃잎C
꽃잎A
꽃잎B
펜꽂이 원단
펜꽂이 꽃술 꽃술2

실물본을 참고하여 펠트와 원단을 재단합니다.

핀꽂이 만들기 →

3

꽃술1 펠트의 가로 끝 부분에 글루건을 쏩니다.

4

가로로 접습니다.

5

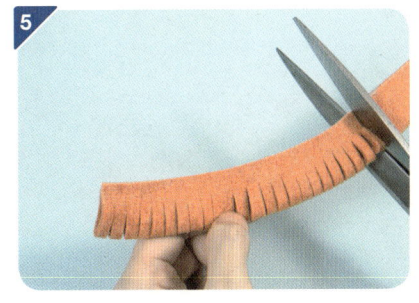

약 5mm 간격으로 일정하게 가위집을 끝까지 냅니다.

6

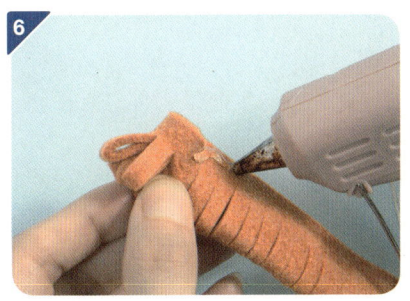

가위집이 나 있지 않는 부분에 글루건을 쏩니다.

Tip. 돌돌 말 때 중간중간 글루건을
몇 번 더 쏘아주면 더욱 단단히 고정돼요.

7

그대로 돌돌 맙니다.

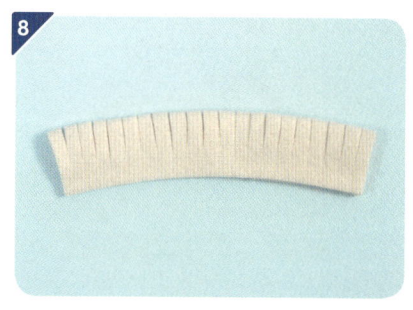

8

꽃술2 아이보리 펠트도 같은 방법으로
만듭니다.

9

꽃술1에 돌돌 말아 붙입니다.

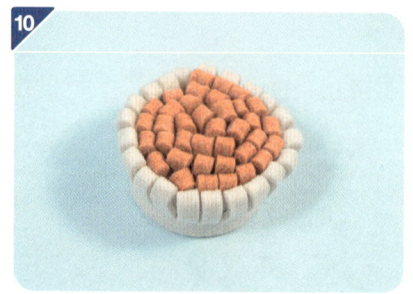

10

꽃술이 완성되었습니다.

11

소프트펠트 꽃잎 2종(끝이 갈라진 꽃잎을 A,
끝이 뾰족한 꽃잎을 B)을 A-B-B-A-B-
B…의 순서로 번갈아가며 아랫부분만
홈질로 연결합니다.

12

홈질이 끝나면 실을 잡아당겨 꽃술 둘
레에 맞추고 매듭을 지어 마무리합니다.

13

꽃잎들을 그대로 꽃술 바깥쪽에 빙 둘러
가며 글루건으로 붙입니다.

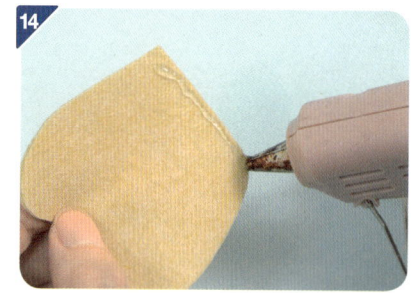

14

꽃잎C 2mm펠트 아랫부분에 글루건을
쏩니다.

15

소프트펠트 꽃잎의 바깥쪽으로 모양을
만들어가며 하나씩 붙입니다.

공병 뚜껑에 붙일 플라워 핀쿠션이 완성되었습니다.

공병 뚜껑 옆면에 글루건을 쏜 다음 준비한 리본을 붙입니다.

앞서 완성한 플라워 핀쿠션의 밑부분에 글루건을 쏜 다음 뚜껑 윗면에 붙이면 핀꽂이 완성입니다.

Tip. 사진 속 원단은 앞뒤 구분이 없지만, 앞뒤 구분이 있는 원단의 경우에는 시접을 접는 쪽이 안쪽 면이 되도록 하세요.

펜꽂이 만들기 →

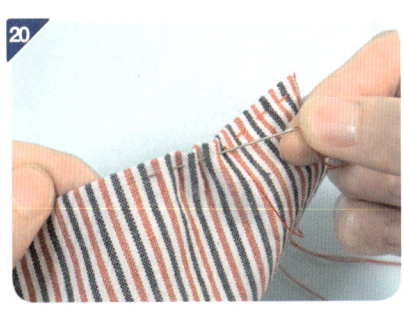

재단한 원단을 가로로 놓고, 위아래 약 1cm씩 시접을 접어 다림질합니다.

위아래 시접 중 한쪽만 러닝스티치 합니다. 다른 한쪽은 러닝스티치 안 해도 됩니다.

Tip. 원단과 펠트를 겹칠 때 아랫변 끝을 잘 맞춰주세요. 그러면 원단이 윗변에서 1cm 정도 내려오게 돼요.

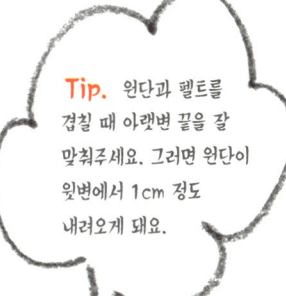

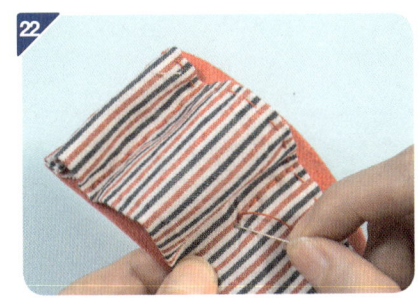

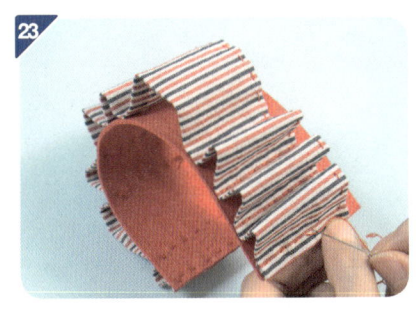

러닝스티치 한 시접이 위로 가도록 펜꽂이 펠트와 겹쳐놓고, 원단 왼쪽 변을 약 1cm 접어 펠트와 함께 러닝스티치로 고정합니다.

펜이나 보빈 등이 들어갈 공간만큼 띄워가며 원단과 펠트를 중간중간 러닝스티치로 고정합니다.

끝 부분은 시작 부분과 마찬가지로 원단을 안쪽으로 약 1cm 접어 펠트와 함께 러닝스티치로 고정합니다.

이제 양끝을 서로 겹쳐 버튼홀스티치로 연결합니다.

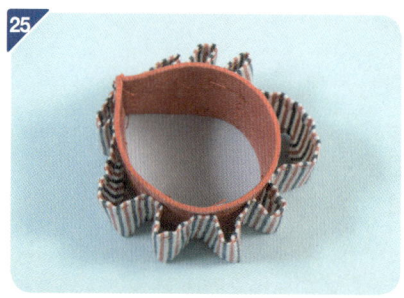

양끝이 연결된 모습입니다.

아랫변 펜꽂이 부분을 사진과 같이 각각 안쪽으로 접어 펠트와 함께 버튼홀 스티치 합니다.

펜꽂이가 완성되었습니다.

마무리하기

공병에 완성된 펜꽂이를 끝까지 끼웁니다.

공병의 입구 부분에 마끈을 여러 번 둘러 장식합니다.

공병에 핀꽂이를 돌려 끼우면 유리병 리폼 플라워 핀꽂이가 완성됩니다.

PART 3

Accessary

06 샤랄라 러블리 집게핀

바느질법 노소잉(no sewing)
예상 제작 시간 약 15분
완성 크기 약 4.5×2.5cm

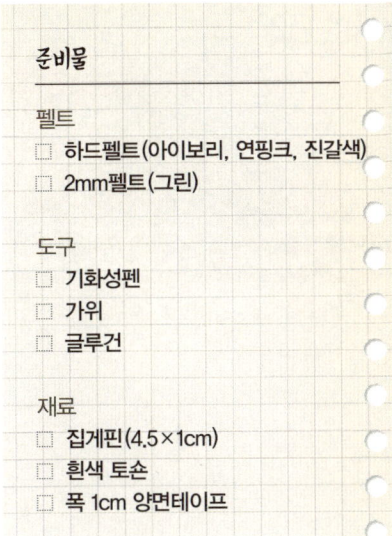

꽃잎

집게핀 커버   잎사귀

1 실물본을 참고하여 모든 펠트를 재단합니다.

2 아이보리 꽃잎 펠트 위에 약 1cm 간격으로 물결무늬를 중심까지 이어지게 기화성펜으로 그립니다.

3 표시 선을 따라 가위로 자릅니다.

4 시작 부분을 한 번 접습니다.

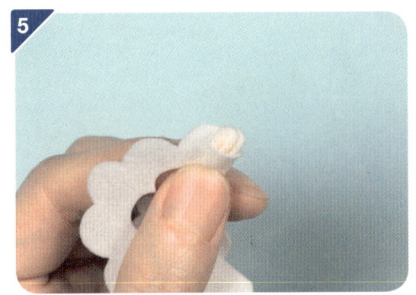

5 그대로 돌돌 말아줍니다.

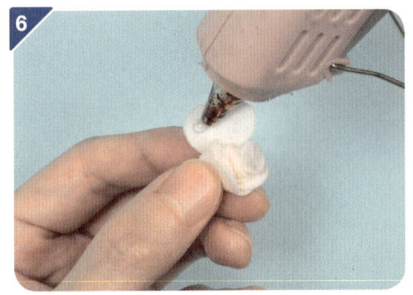

6 중간중간 글루건으로 고정하며 끝까지 돌돌 맙니다.

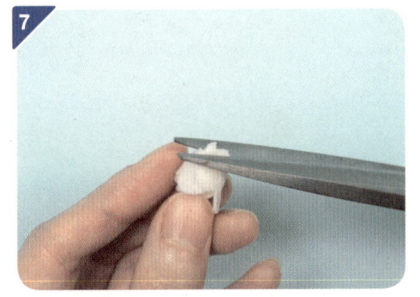

7 밑면에 튀어나온 부분은 가위로 살짝 잘라 정리합니다.

같은 방법으로 아이보리 꽃 1개와 연핑
크 꽃 1개를 더 만듭니다.

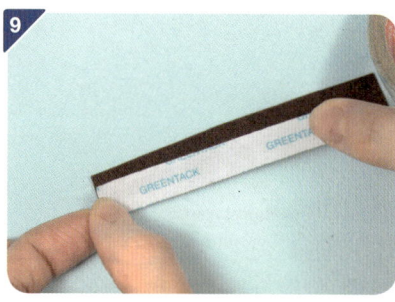

집게핀 커버 진갈색 펠트에 양면테이프
를 붙입니다.

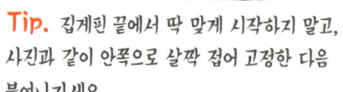

Tip. 집게핀 끝에서 딱 맞게 시작하지 말고,
사진과 같이 안쪽으로 살짝 접어 고정한 다음
붙여나가세요.

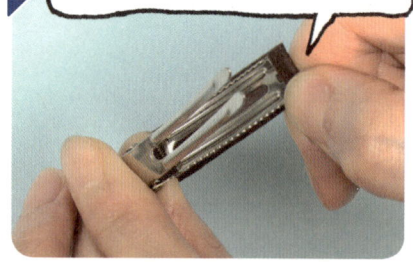

양면테이프 보호비닐을 떼어내고 준비
한 집게핀에 붙입니다.

집게핀 굴곡을 따라 끝까지 붙여나갑
니다.

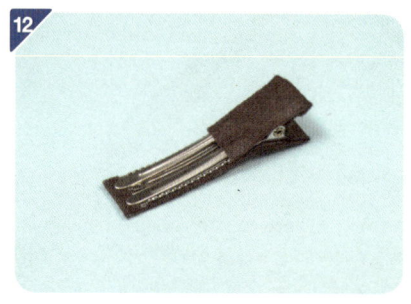

집게핀에 펠트를 다 붙인 모습입니다.

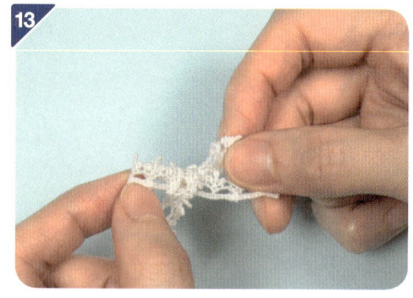

토숀을 접어 적당한 크기의 리본을 만
듭니다.

글루건으로 집게핀 위쪽에 토숀을 붙입
니다.

잎사귀도 사진과 같은 방향으로 붙입
니다.

연핑크 꽃 밑에 글루건을 쏩니다.

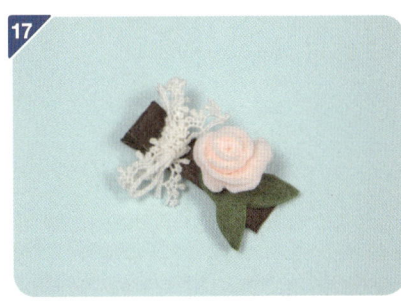

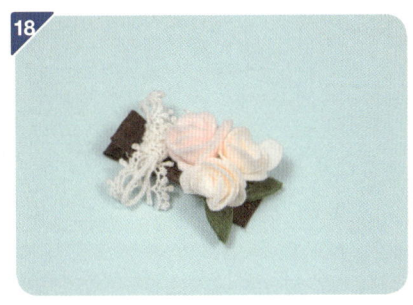

17

잎사귀의 윗부분에 붙입니다.

18

글루건으로 아이보리 꽃 2개도 잎사귀 위에 붙이면 샤랄라 러블리 집게핀 완성입니다.

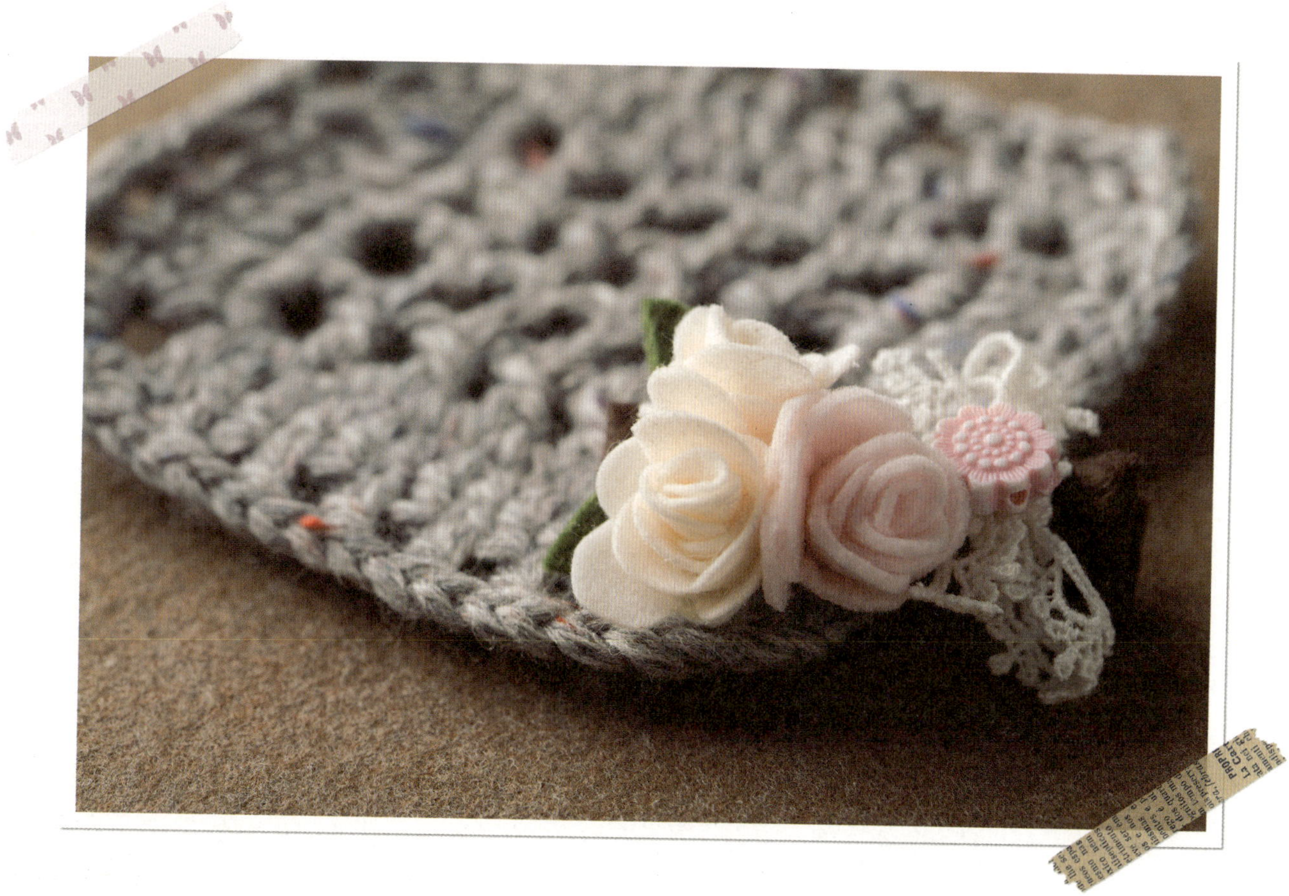

07 요요 펠트 똑딱핀

바느질법 러닝스티치
예상 제작 시간 약 20분
완성 크기 약 7.5×4.5cm

HAPPYBEARS

Tip. 자투리 원단은 시접 1cm 여유를 두고 재단하세요.

요요   똑딱핀 커버

실물본을 참고하여 펠트와 자투리 원단을 재단합니다.

자투리 원단의 가장자리에서 1cm 안쪽을 따라 러닝스티치 합니다.

실을 자르지 말고 그대로 끝까지 쭉 잡아당깁니다.

실을 잡아당기면서 시접을 안쪽으로 접어 정리하고, 요요 모양이 나오도록 동그랗게 정리합니다.

안쪽에서 매듭을 짓고 마무리합니다.

똑딱핀을 감쌀 갈색 펠트를 세로로 반을 접어, 똑딱핀 끼울 부분(실물본에 표시)에 가위집을 냅니다.

가위집을 낸 부분에 똑딱핀을 끼웁니다.

8

똑딱핀을 끝까지 끼운 다음, 나머지 갈색 펠트를 위쪽에 겹칩니다.

9

똑딱핀 바로 바깥 선을 따라 갈색 펠트 2장을 러닝스티치로 연결합니다.

10

연결이 끝나면, 마무리 매듭이 겉쪽에서 보이지 않도록 펠트 2장 사이로 빼내어 매듭짓고, 펠트 사이로 바늘을 다시 찔러 넣어 멀리 한 땀 뜬 후 실을 바짝 잘라냅니다.

11

요요 뒷면에 글루건을 쏘아 똑딱핀 머리 부분에 붙입니다.

12

글루건으로 어울리는 싸개단추를 중심에 붙이면 요요 펠트 똑딱핀 완성입니다.

08 나비 헤어 포니테일

바느질법 러닝스티치
버튼홀스티치
아플리케
예상 제작 시간 약 1시간 20분
완성 크기 6×6cm

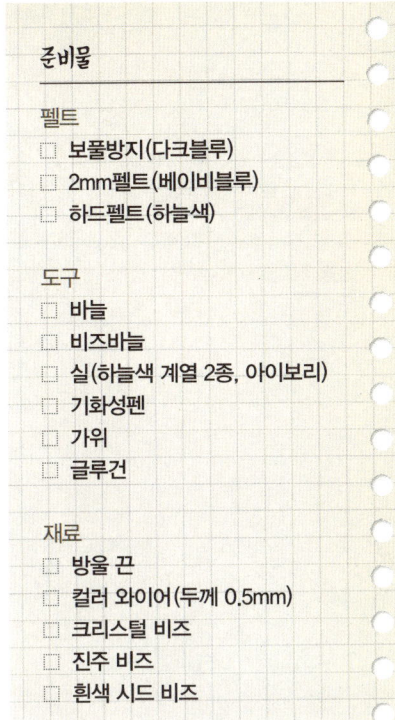

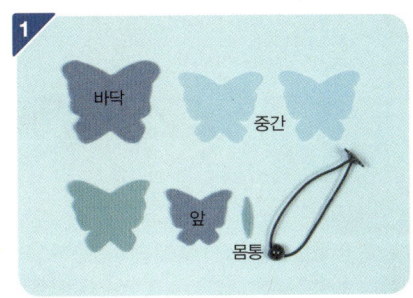

실물본을 참고하여 모든 펠트를 재단합니다.

베이비블루 나비 위에 다크블루 나비를 올려놓고, 가장자리에서 2mm 안쪽을 따라 하늘색 실로 러닝스티치 합니다.

비즈바늘로 사진과 같은 위치에 진주 비즈를 답니다.

진주 비즈 바로 옆에 시드 비즈 2개를 답니다.

진주 비즈를 감싸듯 시드 비즈를 2개씩 동그랗게 답니다.

같은 방법으로 반대편에도 대칭이 되도록 비즈를 답니다.

뒷면에 하늘색 나비를 겹쳐둡니다.

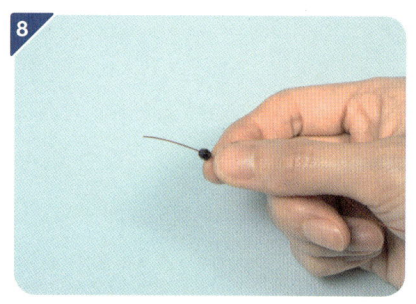

와이어에 크리스털 비즈를 끼웁니다.

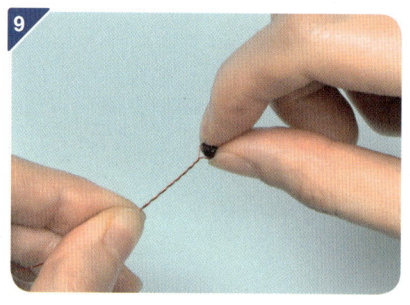

비즈를 와이어 중심에 두고 와이어를 아래로 반 접습니다. 비즈를 손으로 돌려 와이어를 꼽니다.

와이어를 2cm 정도 남기고 끝부분에 매듭을 짓습니다.

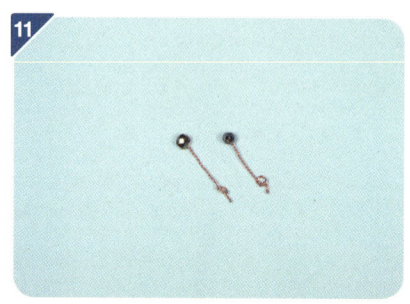

같은 방법으로 1개를 더 만듭니다. 나비 더듬이가 완성되었습니다.

나비 앞판과 하늘색 나비 펠트 사이에 더듬이를 끼우고 버튼홀스티치로 전체를 연결합니다.

앞서 완성한 나비 앞판 뒤에 나머지 하늘색 나비 펠트를 비스듬히 기울여 겹칩니다. 나비 몸통 펠트를 올려놓고 아플리케로 모두 함께 고정합니다.

나비의 양쪽 날개를 접어 날갯짓하는 모양으로 입체적으로 만듭니다.

다크블루 바닥 펠트를 하늘색 나비 밑에 중심을 맞춰 겹칩니다.

2장을 겹쳐 하늘색 나비의 가장자리 2mm 안쪽을 따라 러닝스티치로 연결합니다.

글루건으로 방울 끈을 나비 뒷면에 붙입니다.

나비 헤어 포니테일이 완성되었습니다.

09 레인드롭&버드
트라이앵글 북마크

바느질법 러닝스티치
버튼홀스티치
백스티치
예상 제작 시간 각각 약 30분
완성 크기 6×8cm

준비물

펠트

[레인드롭]
- ☐ 2mm펠트(베이비블루, 멜란지블루)
- ☐ 하드펠트(레몬, 파랑, 여러 색상 자투리)

[버드]
- ☐ 2mm펠트(멜란지그린)
- ☐ 하드펠트(빨강, 아이보리, 옐로우)

도구
- ☐ 바늘
- ☐ 비즈바늘
- ☐ 실(검정, 빨강, 노랑, 녹색)
- ☐ 기화성펜
- ☐ 가위
- ☐ 오공본드

재료
- ☐ 황색 종이끈
- ☐ 시드 비즈(검정, 컬러)
- ☐ 리본(볼펜꽂이용)

레인드롭 트라이앵글 북마트

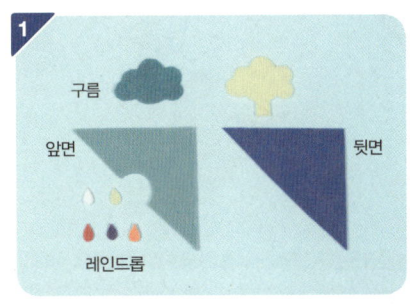

1

실물본을 참고하여 모든 펠트를 재단합니다.

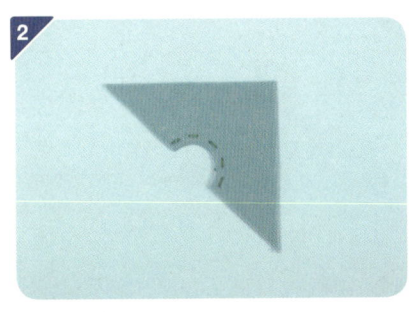

2

베이비블루 앞면 펠트의 반원 가장자리를 따라 러닝스티치 합니다.

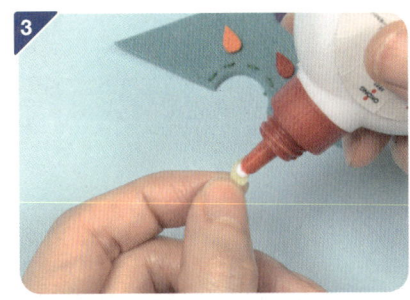

3

여러 색상의 레인드롭을 오공본드로 붙입니다.

4

구름 앞면에 눈과 입 모양을 그립니다.

5

눈은 시드 비즈, 입은 빨강 실 2겹으로 백스티치 합니다.

6

구름 뒷면 레몬 펠트와 겹쳐 가장자리를 따라 러닝스티치로 2장을 연결합니다.

Tip. 스티치를 시작할 때 사진과 같이 바늘을 펠트 사이로 넣어 빼내면 매듭이 겉쪽에서 보이지 않아 깔끔해요.

파랑 뒷면 펠트 위에 사진과 같이 구름과 볼펜꽂이용 리본을 반 접어 올려놓습니다.

완성해놓은 앞면을 그대로 겹칩니다.

빨강 실로 가장자리를 따라 펠트 2장을 동시에 러닝스티치로 연결합니다. 구름과 리본은 끼워박기 합니다.

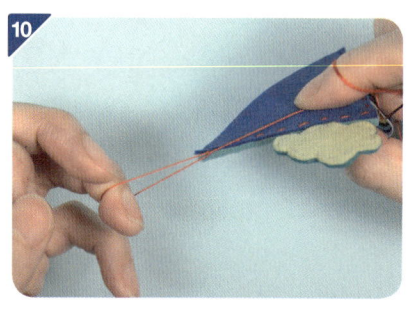

연결이 끝나면 마무리 매듭이 겉쪽에서 보이지 않도록 펠트 2장 사이로 빼내어 매듭짓습니다.

펠트 사이로 바늘을 다시 찔러 넣어 멀리 한 땀 뜬 후 실을 바짝 잘라냅니다.

레인드롭 트라이앵글 북마크가 완성되었습니다.

버드 트라이앵글 북마크 ➡

Tip. 종이끈이 없다면 이쑤시개 등을 사용해도 돼요.

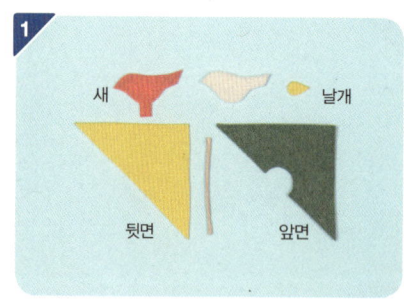

실물본을 참고하여 모든 펠트를 재단합니다.

멜란지그린 앞면 펠트 위에 사진과 같이 황색 종이끈을 가로로 올려놓고, 세로로 한 땀씩 떠서 고정시킵니다.

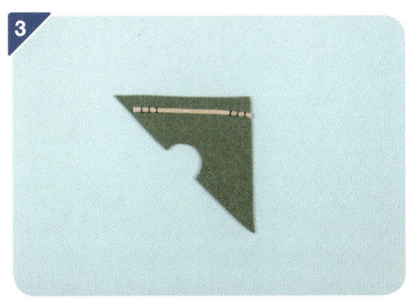

3

양쪽으로 세 땀씩 떠서 고정한 모습입니다.

4

검정 실로 종이끈 가운데에 새 다리 모양으로 스티치 합니다.

5

아이보리 새 펠트에 컬러 시드 비즈로 눈을 달고, 사진과 같이 옐로우 날개 펠트를 고정합니다.

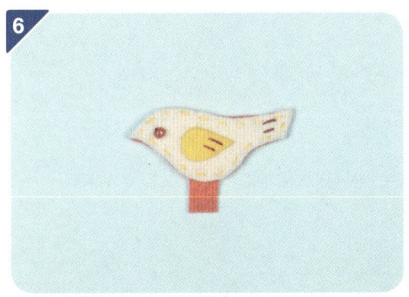

6

빨강 뒷면 펠트와 겹쳐 가장자리 안쪽을 러닝스티치로 고정합니다.

7

옐로우 뒷면 펠트 위에 사진과 같이 새와 볼펜꽂이용 리본을 반 접어 올려놓습니다. 이때 새의 위치는 앞면 펠트에 스티치 해놓은 다리 부분에 꼭 맞춥니다.

8

완성해놓은 앞면을 그대로 겹쳐 2장을 버튼홀스티치로 연결합니다. 새와 리본은 끼워박기 합니다.

9

버드 트라이앵글 북마크가 완성되었습니다.

¹⁰ 로봇 이어폰 홀더

바느질법 러닝스티치
아플리케
예상 제작 시간 약 30분
완성 크기 5×4cm

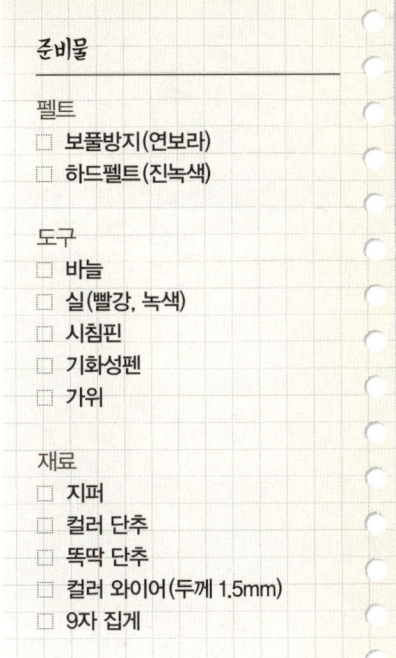

준비물

펠트
- [ ] 보풀방지(연보라)
- [ ] 하드펠트(진녹색)

도구
- [ ] 바늘
- [ ] 실(빨강, 녹색)
- [ ] 시침핀
- [ ] 기화성펜
- [ ] 가위

재료
- [ ] 지퍼
- [ ] 컬러 단추
- [ ] 똑딱 단추
- [ ] 컬러 와이어(두께 1.5mm)
- [ ] 9자 집게

1

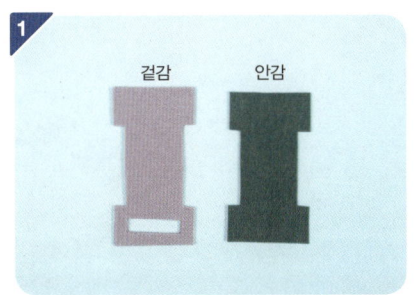

겉감　　안감

실물본을 참고하여 모든 펠트를 재단합니다. 로봇 입 부분은 가위집을 내어 구멍을 냅니다.

2

겉감용 펠트의 눈 위치에 크기가 다른 컬러 단추를 겹쳐 답니다.

3

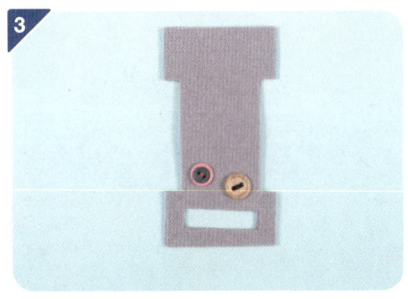

양쪽 눈을 모두 단 모습입니다.

4

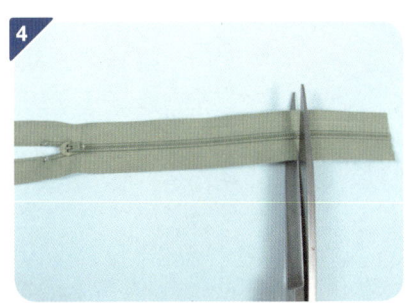

지퍼를 로봇 입 크기에 맞게 자릅니다.

Tip. 아플리케는 약간 삐뚤빼뚤하게 해주면 재밌어요.

5

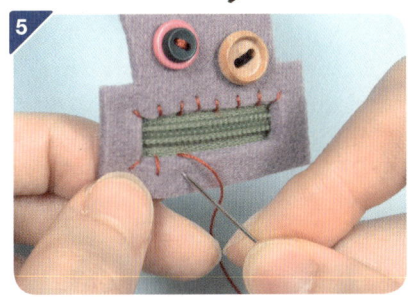

지퍼를 로봇 입 구멍 뒤에 겹쳐 빨강 실로 큼직하게 아플리케 합니다.

6

로봇 앞면이 완성되었습니다.

7

안감용 진녹색 펠트 양끝에 똑딱 단추를 답니다.

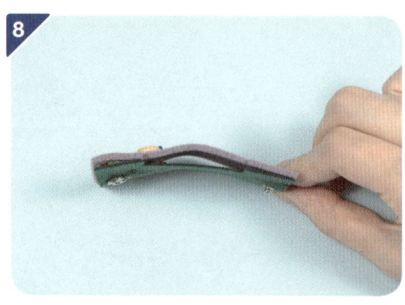

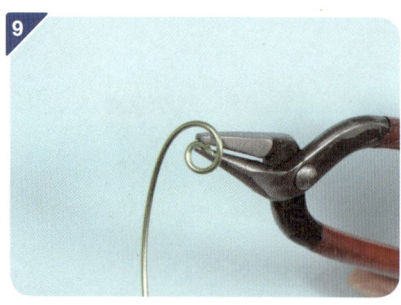

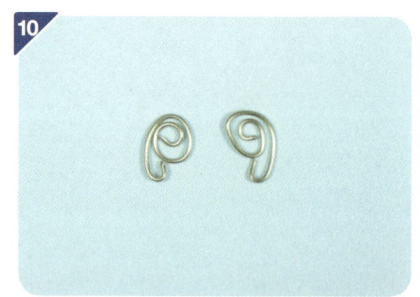

로봇 겉감과 안감을 사진과 같이 겹칩니다. 안감 길이가 약 5mm 정도 짧으니 양끝을 맞춰 시침핀 등으로 고정합니다.

9자 집게로 와이어를 동그랗게 여러 번 돌려 로봇 귀를 만듭니다.

사진과 같이 로봇 귀 한 쌍을 만듭니다.

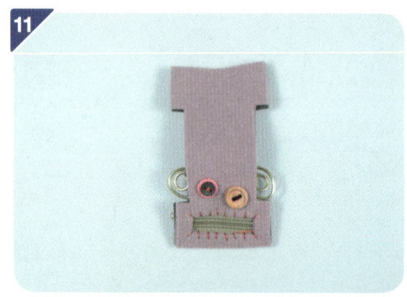

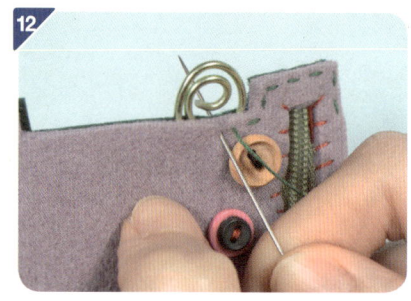

귀를 겉감과 안감 사이에 끼웁니다.

귀를 끼운 채로 2장을 같이 러닝스티치로 고정합니다.

로봇 이어폰 홀더가 완성되었습니다.

11/부르트니 거울 휴대폰줄

바느질법 아플리케
백스티치
버튼홀스티치
프렌치너트스티치
끼워박기
예상 제작 시간 약 1시간 30분
완성 크기 7×7cm

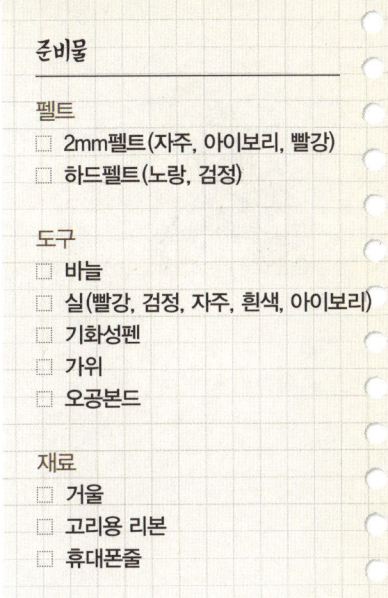

실물본을 참고하여 모든 펠트를 재단합니다.

머리 앞면 위에 안경을 놓고 그 위에 옆머리를 겹친 뒤, 자주 실로 겹치는 부분을 아플리케 합니다.

왼쪽 옆머리도 아플리케로 고정하고, 안경 중심선을 따라 빨강 실로 백스티치 합니다.

얼굴 펠트를 겹쳐 옆머리 부분을 아플리케로 고정합니다. 기화성펜으로 눈을 그린 다음, 검정 실로 백스티치 합니다. 눈썹도 같이 백스티치 합니다.

눈 스티치 안쪽에 검정 눈동자를 얹고, 가운데에 흰색 실로 프렌치너트스티치를 합니다. 다른 쪽 눈도 같은 방법으로 완성합니다.

입술은 빨강 실로 중심선을 백스티치 해서 고정하고, 볼터치 선도 백스티치 합니다.

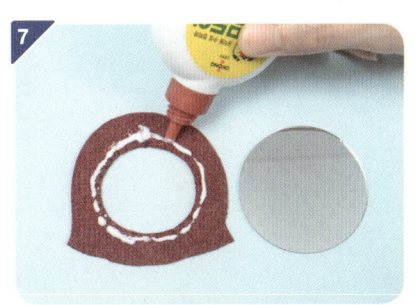

머리 뒷면의 구멍 바깥 선을 따라 오공본드를 쭉 바릅니다.

8

거울을 뒤집어서 붙입니다.

9

고리용 리본을 반 접어 거울 위에 오공본
드로 붙입니다.

10

얼굴 앞뒷면 2장을 겹쳐 옆머리 부분부
터 버튼홀스티치를 시작합니다. 고리용
리본은 끼워박기 합니다.

11

얼굴 아랫부분은 아이보리 실로 버튼홀
스티치 합니다.

12

부르트니 거울 휴대폰줄이 완성되었습
니다.

PART 4
～～～
Pouch

12 미미럽 다용도 파우치

바느질법 러닝스티치
백스티치
아플리케2
공그르기
예상 제작 시간 약 3시간 30분
완성 크기 약 16.5×13.5cm

1

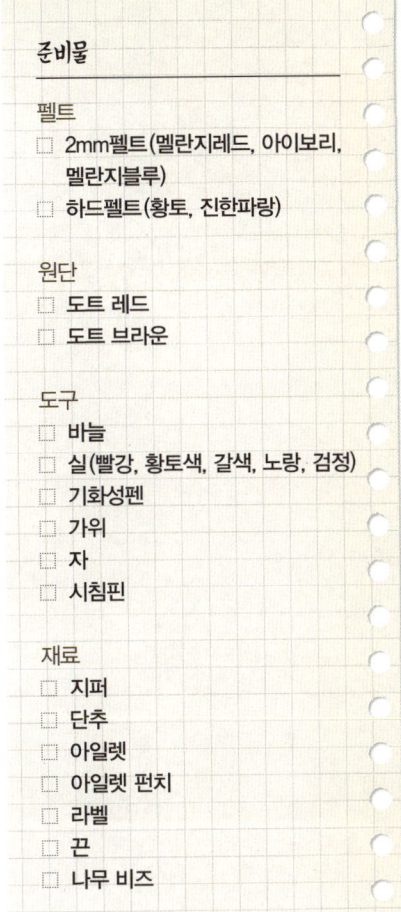

실물본을 참고하여 펠트와 원단을 재단
합니다.

파우치 겉감 만들기 →

2

귀로 만들 도트 브라운 원단을 겉면이
안으로 가도록 반을 접은 다음, 귀 도안
을 그립니다.

Tip. 시접의 둥근 부분은 중간중간
가위집을 넣어 뒤집을 때 주름이
생기지 않도록 해주세요.

3

도안을 따라 밑면(창구멍)을 제외하고 촘
촘하게 홈질한 다음, 도안 바깥쪽으로
시접 약 5mm를 남기고 자릅니다.

4

창구멍으로 뒤집습니다. 같은 방법으로
귀 1개를 더 만듭니다.

5

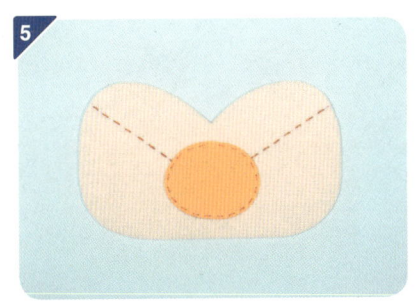

얼굴 위에 입을 올려놓고 도안 표시 선
을 따라 러닝스티치 합니다. 입은 황토
색 실, 직선은 그보다 진한 갈색 실로 합
니다.

6

코도 러닝스티치로 고정한 후 눈 위치에
단추를 달고 속눈썹과 입 모양을 백스티
치 하면 얼굴 완성입니다.

7

파우치 겉면 펠트에 완성된 얼굴을 놓고
(파우치 겉면 펠트의 상단 끝에서 약 2.5cm 내려온
곳), 귀를 사진과 같이 아랫부분에 주름
을 잡아 파우치 겉면 펠트와 얼굴 사이
에 넣어 시침핀으로 임시로 고정합니다.

8

얼굴 가장자리에서 약 3mm 안쪽을 쭉
따라서 러닝스티치로 고정합니다.

7

얼굴 반대쪽에 라벨을 위아래 거꾸로 고정
합니다. 파우치 겉면이 완성되었습니다.

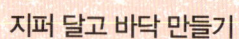

지퍼 달고 바닥 만들기 ➡

Tip. 지퍼를 너무 딱 맞추지 말고 양쪽으로
약 5mm 정도 여유를 두세요.

10

지퍼를 위쪽 가장자리에 맞춰 시침핀으
로 임시로 고정합니다.

11

파우치 뒤쪽도 같은 방법으로 시침핀으
로 고정합니다.

Tip. 러닝스티치나 백스티치로
고정해도 돼요!

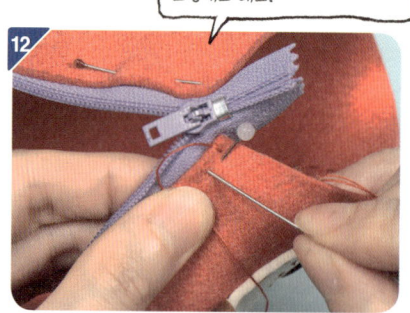

12

겉면과 지퍼를 아플리케2(버튼홀스티치 모
양의 아플리케) 방법으로 고정합니다.

13

매듭은 지퍼 안쪽으로 지어서 마무리합
니다.

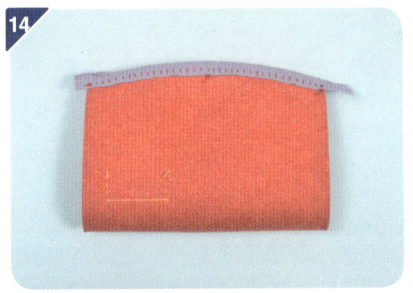

14

파우치 겉면을 뒤집습니다.

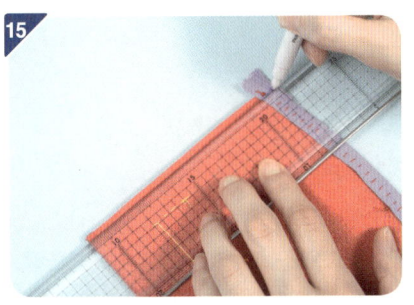

15

양옆 가장자리에서 5mm 안쪽을 따라 자로 길게 표시합니다(박음질할 부분).

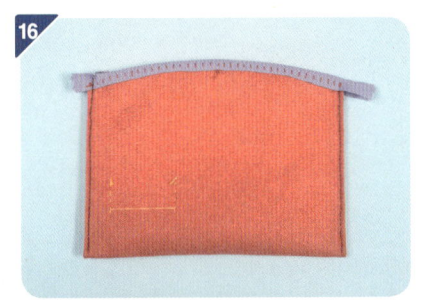

16

양옆 가장자리를 모두 박음질합니다.

Tip. 지퍼 시작하는 부분은 지퍼 위쪽으로 펠트와 지퍼를 같이 박음질하고(사진 1), 지퍼 끝나는 부분은 지퍼 안쪽으로 펠트 부분만 박음질하세요(사진 2).

1

2

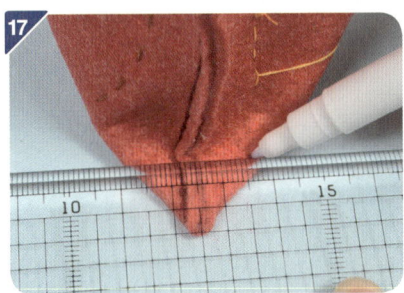

17

파우치를 세워서 사진과 같이 바닥 부분 양쪽을 세모 모양으로 접어 표시하고 박음질합니다.

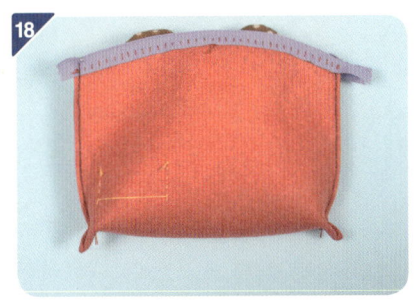

18

바닥 부분 양쪽을 박음질한 모습입니다.

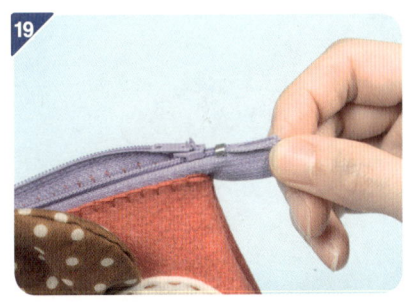

19

파우치를 뒤집습니다. 지퍼 끝나는 부분에서 지퍼가 파우치 안쪽으로 말려 있으니 손으로 빼냅니다.

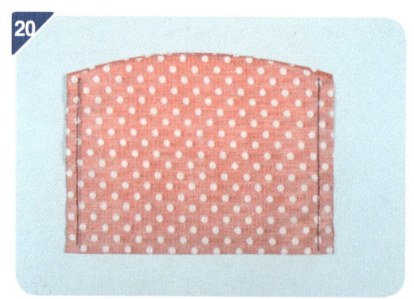

파우치 안감 원단을 겉면이 안쪽으로 가
도록 가로로 접은 다음, 양옆을 각각 시
접 5mm을 두고 박음질합니다.

17과 같은 방법으로 바닥을 만듭니다.

안감을 그대로 파우치 겉면 안으로 넣
습니다.

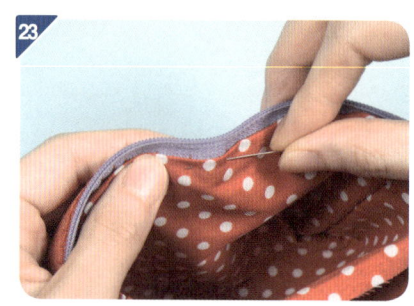

안감의 위쪽 시접을 지퍼 안쪽으로 접어
시침핀으로 고정합니다.

안감과 파우치 겉면을 공그르기로 연결
합니다.

연결이 끝난 모습입니다.

네임태그 만들고 마무리하기 →

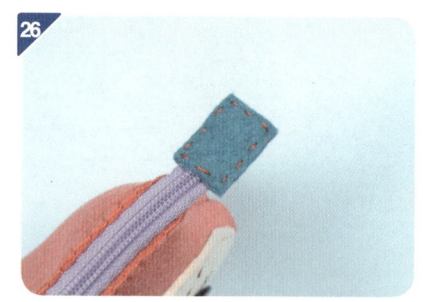

지퍼가 튀어나온 부분은 지퍼 정리용 펠
트 2장을 겹쳐 러닝스티치로 정리합니다.

Tip. 스티치 할 때 'LOVE' 대신 이니셜 등으로도 꾸며보세요.

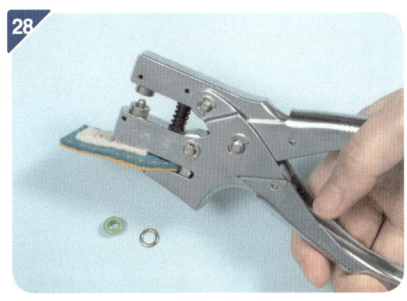

네임태그2 위에 'Love'를 백스티치 하고 네임태그1 한 장 위에 고정한 후, 나머지 한 장과 같이 러닝스티치로 연결합니다.

네임태그 윗부분에 아일렛 펀치로 아일렛을 박습니다.

네임태그가 완성되었습니다.

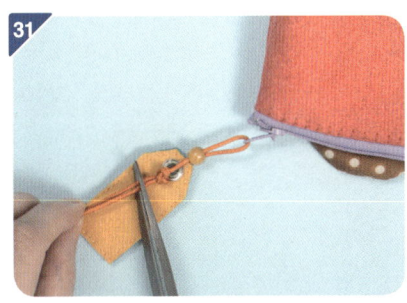

지퍼 손잡이에 끈과 나무 비즈를 답니다.

완성한 네임태그를 달고 남은 끈은 자릅니다.

미미럽 다용도 파우치가 완성되었습니다.

13 곰돌군 여권케이스

바느질법 아플리케
버튼홀스티치
러닝스티치
백스티치
예상 제작 시간 약 5시간
완성 크기 약 10.5×16cm

준비물

펠트
- ☐ 2mm펠트(베이지, 옐로우, 레드, 주황, 카키),
- ☐ 하드펠트(빨강, 노랑, 주황, 자주, 연보라, 고동색, 흰색)
- ☐ 미끄럼방지(도트 레드)
- ☐ 소프트펠트(연두)

도구
- ☐ 바늘
- ☐ 실(빨강, 노랑, 보라, 연두, 핑크, 하늘색, 검정, 고동색, 흰색)
- ☐ 기화성펜
- ☐ 가위
- ☐ 자
- ☐ 시침핀
- ☐ 오공본드

재료
- ☐ 미니 단추
- ☐ 리본
- ☐ OHP필름
- ☐ 아세테이트지
- ☐ 검정 시드 비즈
- ☐ 시접 룰렛

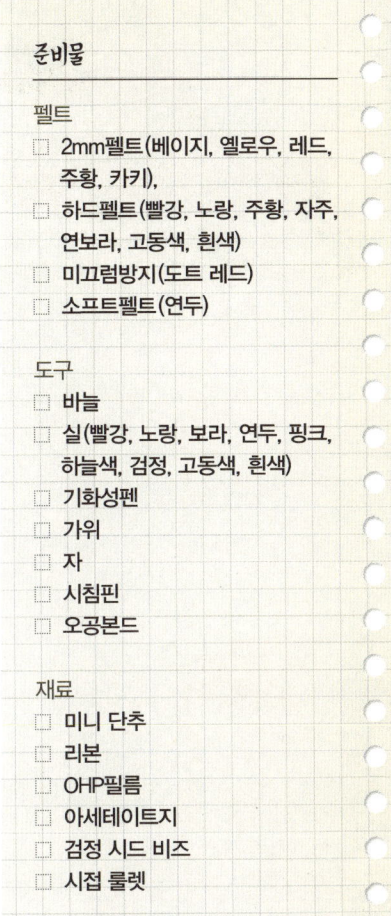

실물본을 참고하여 모든 펠트와 재료를 재단합니다.

겉면 앞포켓의 위쪽 가장자리를 노랑 실로 버튼홀스티치 하고, 곰돌군 몸은 제 위치에 아플리케 합니다.

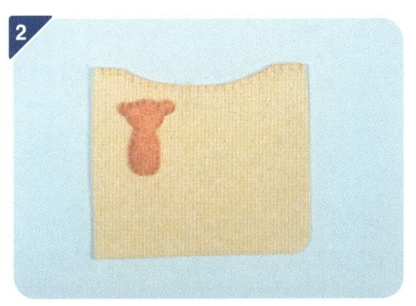

곰돌군 바지와 다리 한쪽, 모자를 아플리케하고, 나머지 다리 한쪽과 팔, 멜빵을 도안대로 기화성펜으로 표시한 후 백스티치 합니다.

곰돌군 표정을 만듭니다. 한쪽 눈은 시드 비즈를 사용합니다.

여행 가방을 러닝스티치로 고정하고 알파벳과 미니 단추로 꾸밉니다.

겉면 베이지 펠트 오른편에 앞포켓을 사진과 같이 올려놓고, 포켓의 왼쪽 가장자리를 아플리케로 고정합니다.

가랜드와 풍선1, 2를 오공본드로 제 위치에 임시로 고정합니다. 가랜드와 풍선 줄, 리본은 기화성펜으로 표시해둡니다.

  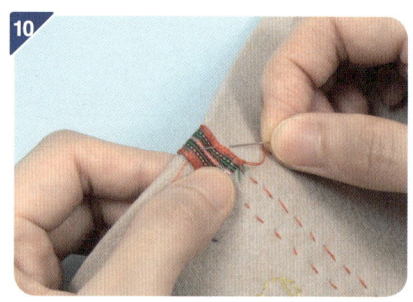

가랜드와 풍선을 각각의 색상에 맞는 실로 아플리케 한 다음, 가랜드와 풍선 줄은 백스티치 합니다.

앞포켓 바로 옆선에 맞춰 리본을 길게 놓고 리본 양옆을 러닝스티치로 고정합니다.

위아래 남는 리본은 뒤로 넘겨 한두 땀 떠서 고정합니다.

왼편 상단에 'passport'를 백스티치로 꾸밉니다('p'는 펠트 아플리케).

종이 비행기 펠트는 먼저 흰색 실로 아플리케 한 다음, 하늘색 실로 안쪽의 선들을 백스티치 해서 완성합니다. 비행기 꼬리 선은 같은 하늘색 실로 러닝스티치 합니다.

명함 포켓 뒷면에 프레임 바깥 선을 따라 오공본드를 바릅니다.

OHP필름을 명함 포켓보다 조금 작게 자르고, 중심에 붙입니다.

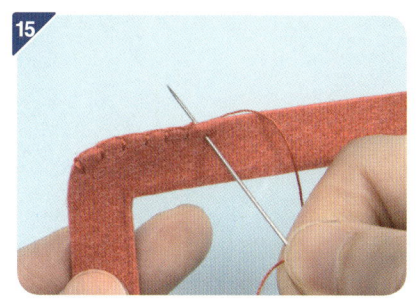

명함 포켓의 위쪽 가장자리만 빨강 실로 버튼홀스티치 합니다.

명함 포켓을 제 위치에 놓고, 오른쪽 가장자리만 여권케이스 겉면과 함께 아플리케 합니다.

여권케이스 겉면이 완성되었습니다.

여권케이스 안감의 위쪽 중심에 리본 양옆을 말아 접어 사진과 같이 볼펜꽂이 모양으로 만든 후 양옆을 박음질로 고정합니다.

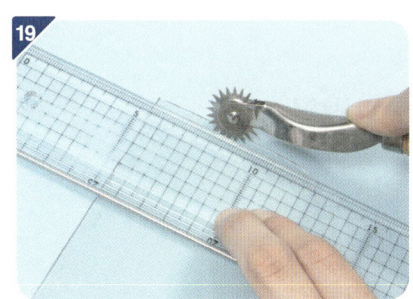

여권 포켓 아세테이트지는 바늘이 쉽게 들어가도록 시접 룰렛으로 바느질할 구멍을 미리 표시해둡니다.

여권 포켓 아세테이트지를 여권케이스 안감 오른편에 놓고(안감 가장자리에서 5mm 안쪽) 러닝스티치로 고정합니다.

티켓 포켓 1, 2도 겹쳐 같은 방법으로 러닝스티치로 고정하면 여권케이스 안감이 완성됩니다.

여밈 펠트 안감에 사진과 같이 벨크로를
바느질하고, 여밈 펠트 겉감과 겹쳐서 가
장자리를 러닝스티치로 연결합니다. 여
권케이스 겉면에도 맞닿는 부분에 벨크
로의 다른 한쪽을 고정합니다.

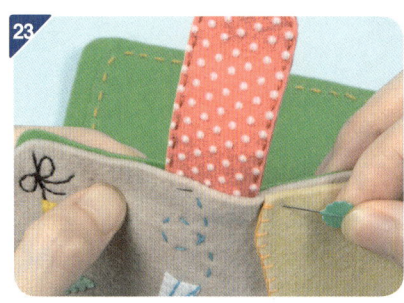

완성한 겉면과 안감을 오른변에 맞춰 겹
칩니다. 그 사이에 여밈 펠트를 여권케
이스 겉면의 벨크로 위치와 잘 맞춰 끼
웁니다.

시침핀으로 겉면과 안감을 임시로 고정
합니다. 이때 평면으로 펴서 고정하지 않
고 꼭 사진처럼 반으로 접은 상태에서 고
정합니다.

하늘색 실로 겉면과 안감을 러닝스티치
나 버튼홀스티치로 연결합니다.

곰돌군 여권케이스가 완성되었습니다.

14 곰돌군 네임태그 &카드홀더

바느질법 아플리케
버튼홀스티치
러닝스티치
백스티치
예상 제작 시간 약 2시간
완성 크기 약 7×10.5cm

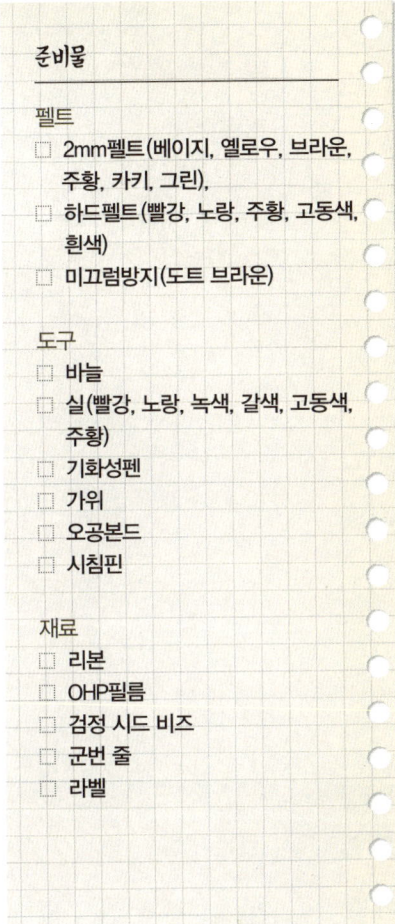

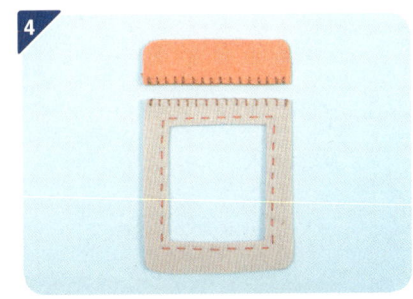

준비물

펠트
- [ ] 2mm펠트(베이지, 옐로우, 브라운, 주황, 카키, 그린),
- [ ] 하드펠트(빨강, 노랑, 주황, 고동색, 흰색)
- [ ] 미끄럼방지(도트 브라운)

도구
- [ ] 바늘
- [ ] 실(빨강, 노랑, 녹색, 갈색, 고동색, 주황)
- [ ] 기화성펜
- [ ] 가위
- [ ] 오공본드
- [ ] 시침핀

재료
- [ ] 리본
- [ ] OHP필름
- [ ] 검정 시드 비즈
- [ ] 군번 줄
- [ ] 라벨

1

실물본을 참고하여 모든 펠트를 재단합니다.

2

앞면 펠트의 윗변과 앞면 윗덮개 펠트의 아랫변을 각각 버튼홀스티치 합니다.

3

곰돌군 여권케이스(99쪽 **2~5**)를 참고하여 곰돌군을 완성합니다. 윗덮개에는 풍선을 겹쳐 러닝스티치로 고정합니다.

4

뒷면 펠트의 윗변과 뒷면 윗덮개 펠트의 아랫변을 각각 버튼홀스티치 하고, 프레임 바깥 선을 따라 러닝스티치 합니다.

5

뒷면 펠트를 뒤집어 OHP필름을 뒷면보다 조금 작게 자른 뒤 오공본드로 붙입니다.

6

뒷면 윗덮개 펠트에 'Name Tag'를 백스티치 한 다음, 완성한 앞면과 뒷면을 각각 주황 중앙 펠트에 겹칩니다.

7

사이에 리본과 라벨을 끼우고 시침핀으로 임시로 고정합니다.

가장자리에서 2mm 안쪽을 따라 쭉 빨강 실로 러닝스티치 합니다.

녹색 실로 빨강 실 땀 사이사이를 러닝스티치로 메웁니다.

곰돌군 네임태그 & 카드홀더가 완성되었습니다.

15 초코막대
아이스크림
동전지갑

바느질법 러닝스티치
박음질
버튼홀스티치
공그르기
예상 제작 시간 약 4시간
완성 크기 약 8×14cm

준비물

펠트
- ☐ 2mm펠트(브라운),
- ☐ 하드펠트(진핑크, 진브라운)

원단
- ☐ 브라운 체크

도구
- ☐ 바늘
- ☐ 실(핑크, 고동색, 아이보리)
- ☐ 기화성펜
- ☐ 가위
- ☐ 겸자
- ☐ 시침핀

재료
- ☐ 퀼팅솜
- ☐ 지퍼
- ☐ 미니 단추
- ☐ 스팽글
- ☐ 시드 비즈
- ☐ 라벨
- ☐ 리본
- ☐ 끈
- ☐ 아일렛
- ☐ 아일렛 펀치

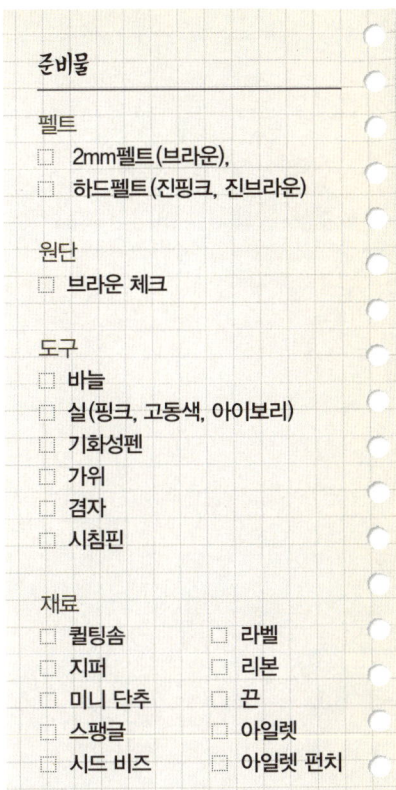

1

실물본을 참고하여 모든 펠트와 원단을 재단합니다.

겉면 원단 · 퀼팅솜
초코시럽 · 딸기시럽 · 막대 · 옆면

동전지갑 겉면 만들기 →

2

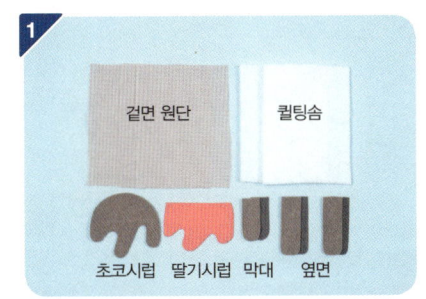

Tip. 앞, 뒤 구분이 있는 원단은 원단 안쪽에 그리세요.

브라운 체크 원단 1장에 동전지갑 완성선을 그립니다.

Tip. 앞, 뒤 구분이 있는 원단은 원단 뒷면이 퀼팅솜과 맞닿게 하세요.

3

완성선을 그리지 않은 원단 1장을 퀼팅솜 위에 올려놓습니다.

4

그 위에 **2**에서 완성선을 그린 원단을 올려놓고 시침핀으로 3장을 같이 고정합니다.

5

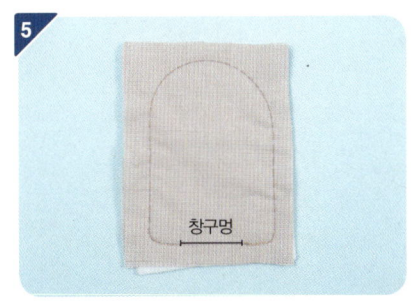

창구멍

아랫변에 창구멍을 약 3~4cm 정도 남겨놓고 완성선을 따라 쭉 백스티치 합니다.

뒤집어서 퀼팅솜을 박음질 선 바깥으로
약 2mm 정도 남기고 바짝 자릅니다.

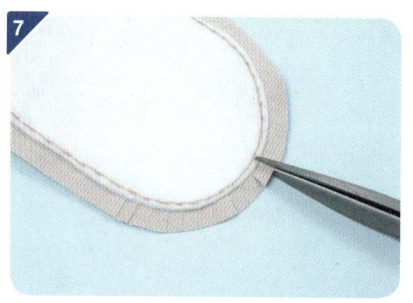

원단도 시접 1cm 정도를 남기고 완성선
을 따라 자릅니다. 시접의 곡선 부분은
가위집을 촘촘히 냅니다.

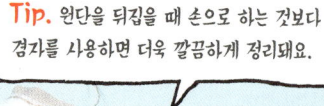
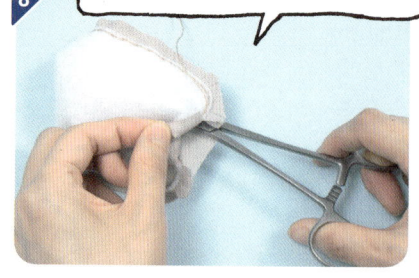

창구멍으로 겸자를 2장의 원단 사이로
넣어 뒤집습니다.

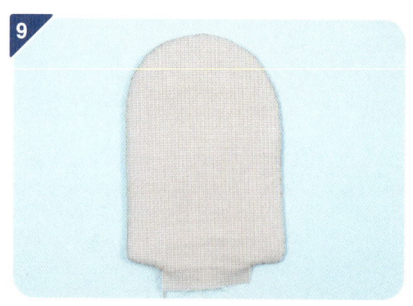

동전지갑 겉면이 완성된 모습입니다. 같
은 방법으로 1개를 더 만듭니다.

동전지갑 앞면이 될 겉면 1개는 창구멍
시접을 안으로 접어 넣고 공그르기로
마감합니다. 다른 겉면 1개는 창구멍
마감하지 않습니다.

초코시럽 펠트에 사진과 같이 미니 단
추, 스팽글, 시드 비즈 등을 달아 장식
합니다.

동전지갑 겉면 위에 딸기시럽, 초코시럽
의 순서로 올려놓고 시침핀으로 고정합
니다.

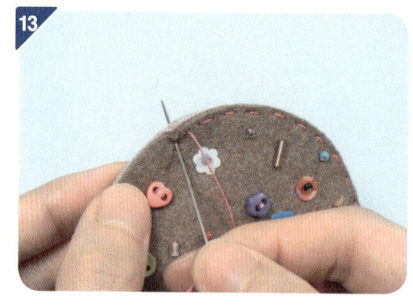

3장을 겹친 채로 초코시럽 가장자리에
서 약 2mm 안쪽을 따라서 핑크 실로 쭉
러닝스티치 합니다.

딸기시럽도 고동색 실로 러닝스티치 하
고, 아랫부분에 라벨을 비스듬히 달면
동전지갑 앞면 꾸밈이 완성됩니다.

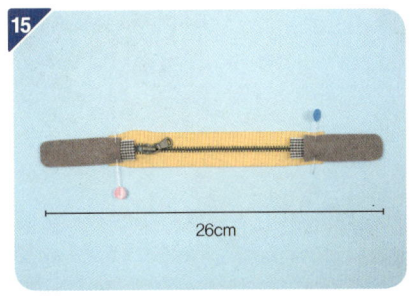

지퍼와 옆면 펠트(2mm펠트 브라운), 반 접은 리본을 사진과 같이 펠트와 지퍼 사이에 시침핀으로 고정합니다. 지퍼와 펠트의 총 길이가 26cm가 되도록 합니다.

지퍼와 옆면 펠트, 리본을 사진과 같은 모양의 스티치로 고정합니다. 양쪽 모두 합니다.

Tip. 버튼홀스티치는 약 3mm 간격으로 일정하게 하세요.

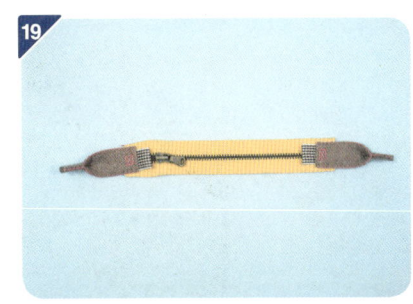

다른 옆면 펠트(하드펠트 진브라운)를 뒤에 대고 가장자리를 버튼홀스티치 합니다. 지퍼와 겹치는 부분은 아플리케2 방법으로 합니다.

끝에서 약 1.5cm 부분은 반으로 접어 사진과 같이 버튼홀스티치 합니다.

같은 방법으로 지퍼 양끝을 완성한 모습입니다.

Tip. 양끝을 먼저 잘 맞춰 고정한 다음, 지퍼의 곡선 부분을 고정하세요.

완성해놓은 동전지갑 앞면과 옆면을 시침핀으로 고정합니다.

앞면과 옆면을 시침핀으로 임시 고정한 모습입니다.

앞면과 옆면을 공그르기로 연결해보겠습니다. 앞면의 박음질 선 사이로 바늘을 빼냅니다.

그대로 옆면의 버튼홀스티치 두 땀으로 바늘을 통과시킵니다.

다시 앞면의 박음질 선 사이로 바늘을 빼냅니다. 이때 버튼홀스티치 두 땀의 길이만큼 한 땀을 뜹니다.

그대로 다시 옆면의 버튼홀스티치 두 땀으로 바늘을 통과시킵니다.

옆면의 스티치 선이 둘로 나뉘는 곳에서는 앞면과 바로 맞닿은 쪽으로 이어서 공그르기 합니다.

지퍼와 겹치는 부분은 지퍼를 앞면 안쪽으로 약 5mm 정도 들어가게 한 다음, 앞면과 지퍼를 공그르기 합니다.

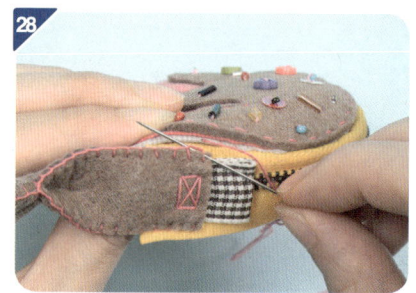

지퍼 연결이 끝나고 옆면이 시작되면 같은 방법으로 버튼홀스티치를 두 땀씩 떠서 공그르기로 마감합니다.

앞면과 옆면, 지퍼가 모두 연결된 모습입니다.

뒷면 연결하기

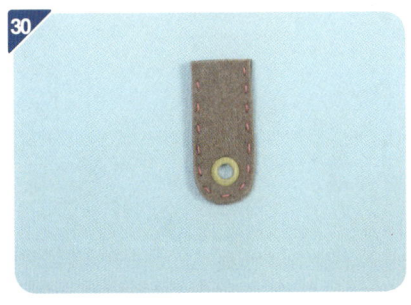

막대 펠트 2장을 같이 버튼홀스티치나 러닝스티치로 고정하고, 아일렛 펀치를 사용해 아랫부분에 아일렛을 박습니다.

완성해놓은 나머지 겉면 1개의 창구멍에 막대 펠트를 끼우고 막대를 관통해 가며 공그르기 합니다.

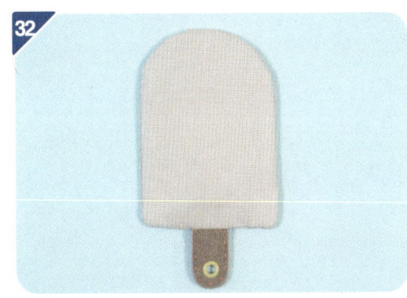

동전지갑 뒷면이 완성된 모습입니다.

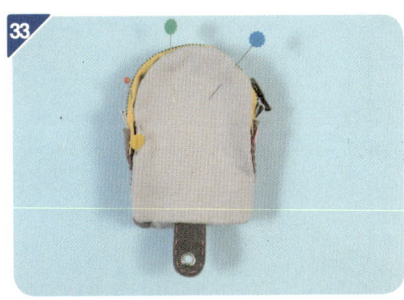

을 참고하여 뒷면과 옆면을 시침핀으로 고정합니다.

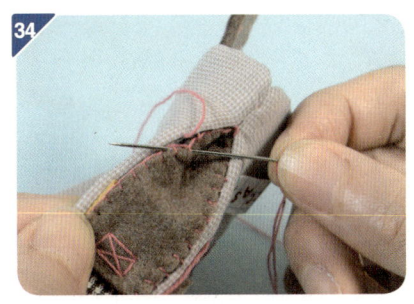

~과 같은 방법으로 뒷면과 옆면을 바느질로 연결합니다.

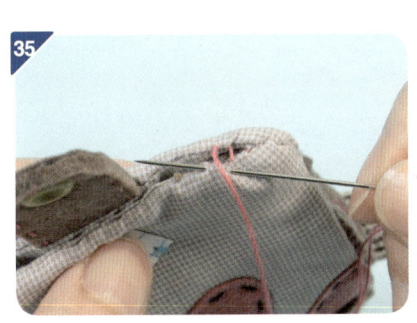

옆면 연결이 끝나면, 그대로 이어서 밑부분도 공그르기 합니다.

Tip. 공그르기는 같은 과정을 2번 반복하면 더욱 튼튼해요.

목걸이 끈 달기 →

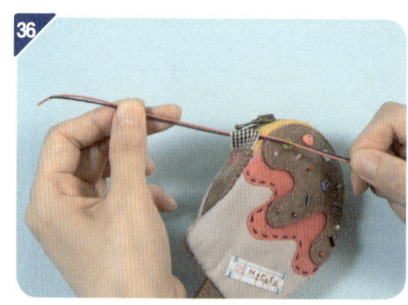

준비한 끈을 옆면 리본 고리 사이에 끼웁니다.

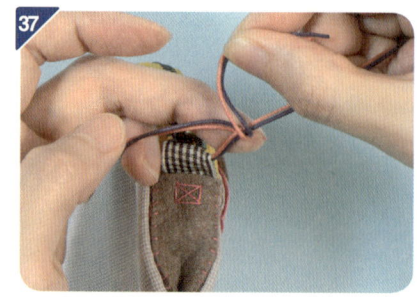

끈의 짧은 쪽을 긴 쪽에 한 번 감아 고리를 만듭니다.

Tip. 이렇게 매듭을 만들면 끈을 자유자재로 줄이거나 늘일 수 있어 좋아요.

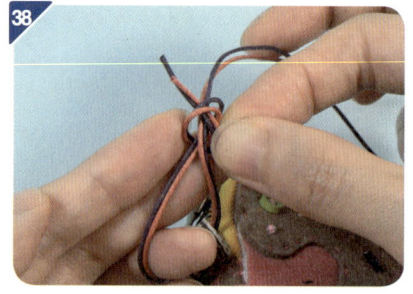

고리 사이로 끈의 짧은 쪽을 아래에서 위로 빼냅니다.

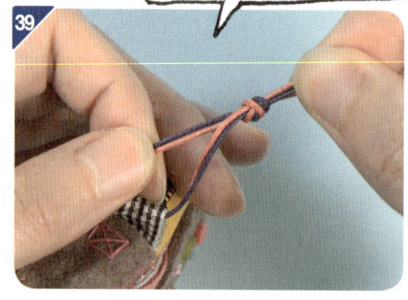

끝까지 잡아당겨 매듭을 만듭니다. 같은 방법으로 다른 쪽도 매듭을 만듭니다.

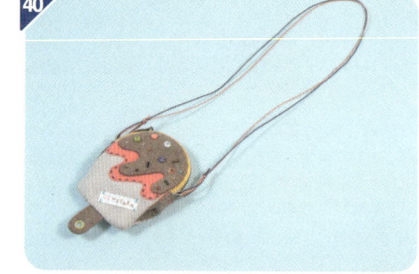

초코막대 아이스크림 동전지갑이 완성되었습니다.

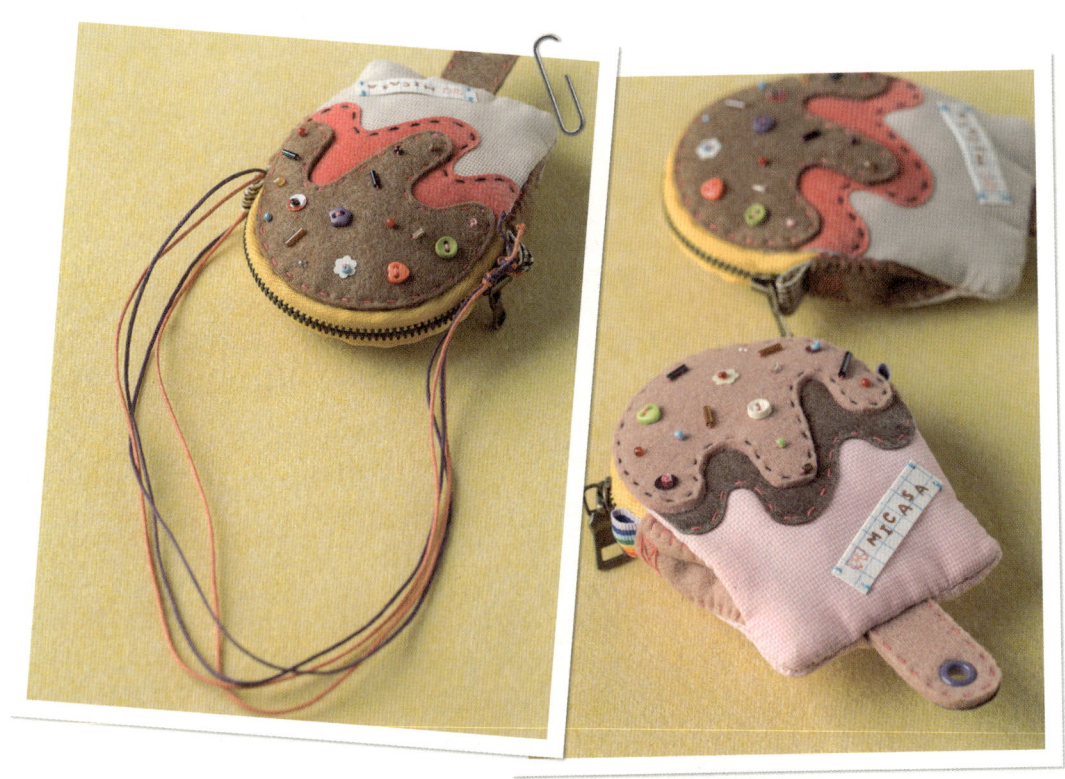

16 큐트냥 소잉케이스

바느질법 아플리케
버튼홀스티치
끼워박기
러닝스티치
백스티치
프렌치너트스티치
예상 제작 시간 약 4〜5시간
완성 크기 약 11×17cm

준비물

펠트
- ☐ 2mm펠트(브라운, 옐로우, 레드, 주황)
- ☐ 하드펠트(노랑, 빨강, 아이보리, 핑크, 하늘색, 청록색, 카키, 파랑)
- ☐ 미끄럼방지(도트 옐로우)

원단
- ☐ 꽃무늬
- ☐ 옐로우 캔버스

도구
- ☐ 바늘
- ☐ 실(핑크, 고동색, 아이보리)
- ☐ 기화성펜
- ☐ 가위 ☐ 다리미
- ☐ 겸자 ☐ 딱풀
- ☐ 시침핀 ☐ 오공본드

재료
- ☐ 솜 약간
- ☐ 단추 크기별 3종
- ☐ OHP필름
- ☐ 반접 라벨
- ☐ 나비 비즈
- ☐ 검정 시드 비즈
- ☐ 빨강 모루

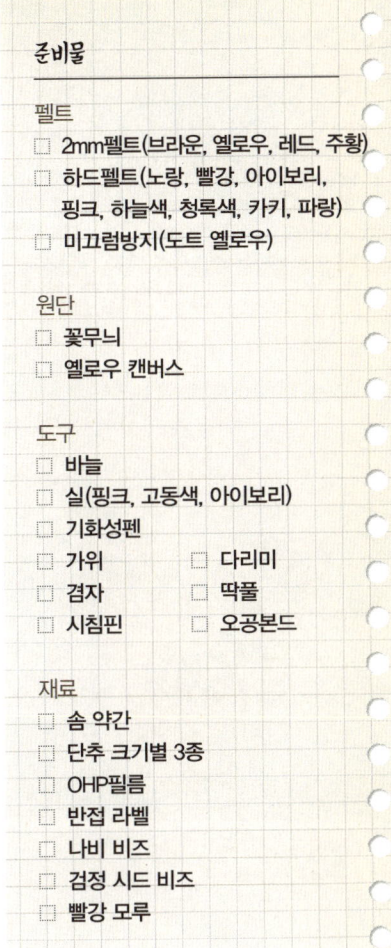

실물본을 참고하여 펠트와 원단을 재단합니다.

앞면 만들기

앞면1과 앞면2를 사진과 같이 오른쪽 변이 맞닿게 겹칩니다.

매듭을 겉에 둔 채 오른쪽 변만 버튼홀스티치 합니다.

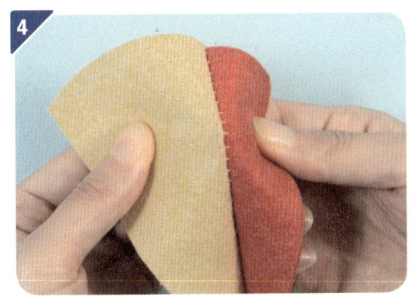

버튼홀스티치 부분을 손으로 꾹꾹 눌러 평평하게 펴서 뒤집습니다.

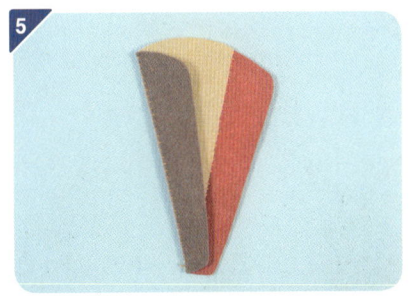

앞면3도 앞면1과 왼쪽 변이 맞닿게 겹친 다음, 매듭을 겉에 둔 채 왼쪽 변만 버튼홀스티치 하고, 평평하게 펴서 뒤집습니다.

앞면 연결이 끝난 모습입니다.

큐트냥 몸통이 될 꽃무늬 원단의 3mm
안쪽을 홈질합니다. 살짝 두께가 있는
종이로 큐트냥 몸통 도안을 오려서 원단
중심에 놓습니다.

홈질한 실을 쭉 잡아당겨 도안 종이 크기
에 맞게 원단을 오므립니다.

다리미로 눌러 몸통 모양을 고정하고 종
이를 빼냅니다.

앞면 펠트 위에 큐트냥 몸통과 얼굴을
제 위치에 올려놓고 몸통은 러닝스티치
로, 얼굴은 아플리케로 고정합니다.

눈과 눈동자를 겹쳐 눈동자 부분을 아
플리케로 고정합니다. 코는 프렌치너트
스티치로, 입은 백스티치로 꾸밉니다.

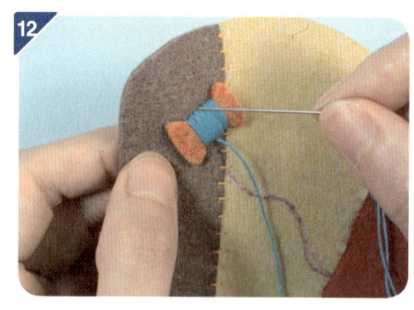

앞면의 상단 왼쪽에 보빈 펠트를 올려놓
고 실을 감아 보빈에 실이 감겨 있는 모
양을 만듭니다.

보빈에서 풀려나온 실과 큐트냥 꼬리를
연결해서 백스티치 하고, 실 중간에 바
늘 모양을 백스티치 합니다.

앞면의 상단 오른쪽에 'Pen' 펠트를 고
정합니다. 'P'에는 표정을 만들어줍니다.

백스티치로 큐트냥 다리를 만들고, 나비 비즈로 장식하면 앞면 꾸밈이 완성됩니다.

단추 3종을 크기 순서대로 쌓은 후, 펠트와 단추 사이에 겸자 등을 끼워놓고 단추를 답니다(나중에 모루를 감을 공간을 남겨두기 위해서).

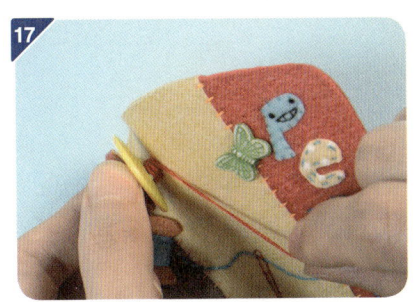

펠트와 단추 사이를 실로 둘둘 감아 튼튼하게 답니다.

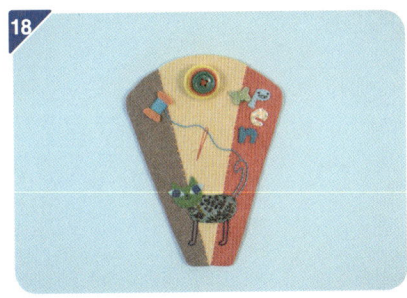

앞면이 완성되었습니다.

뒷면 만들기 →

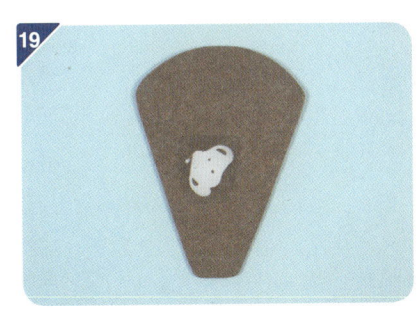

뒷면 펠트에 OHP필름을 사진과 같이 오공본드로 붙입니다(중심에서 약간 왼쪽에).

핀쿠션 펠트 아랫부분에 벨크로를 잘라 붙인 다음, OHP필름 위에 올려놓고 아플리케로 고정합니다. 이때 솜을 넣을 창구멍을 남깁니다.

창구멍으로 솜을 적당량 넣고 아플리케로 마무리합니다.

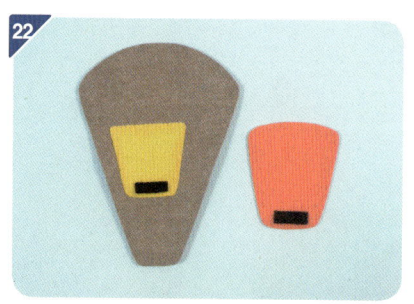

뒷면의 핀쿠션이 완성되었습니다. 핀쿠션 덮개 안감에도 벨크로를 붙입니다.

핀쿠션 덮개 겉감에 티백 펠트를 올려놓고 아플리케 합니다.

백스티치로 티백 모양과 입 모양을 만든 후(눈은 검정 시드 비즈), 볼터치는 핑크 펠트를 동그랗게 잘라 오공본드로 붙입니다.

핀쿠션 덮개 겉감과 안감을 겹칩니다. 이때 안감은 벨크로 부분이 아래에 오도록 합니다.

윗변을 제외하고 나머지 가장자리를 모두 버튼홀스티치로 연결합니다.

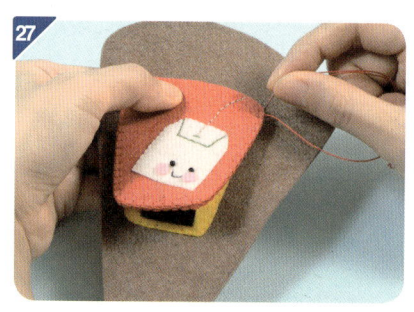

완성된 핀쿠션 덮개를 뒷면의 핀쿠션 위에 올려놓고, 윗변만 아플리케로 고정합니다.

백스티치로 티백 실을 연결하고, 러닝스티치로 티백 태그1, 2와 손잡이 펠트를 고정하면, 뒷면 완성입니다.

안감 만들어 마무리하기 →

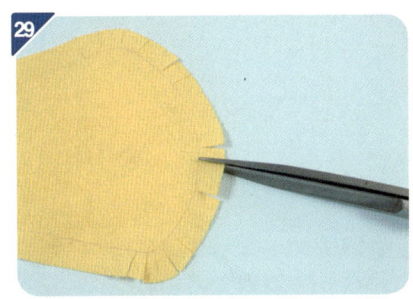

안감이 될 옐로우 캔버스 원단의 시접에서 둥근 부분을 사진과 같이 곳곳에 가위집을 냅니다.

시접 부분에 딱풀을 골고루 바르고, 완성선대로 시접을 안쪽으로 접어 깔끔하게 정리합니다.

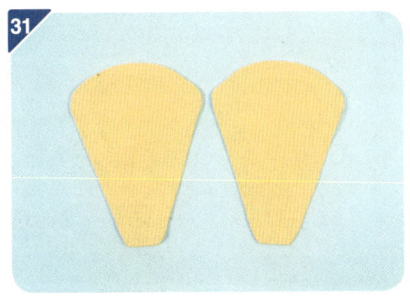

같은 방법으로 안감 1장을 더 만듭니다.

여밈 끈이 될 모루를 사진과 같이 접어 매듭을 만듭니다.

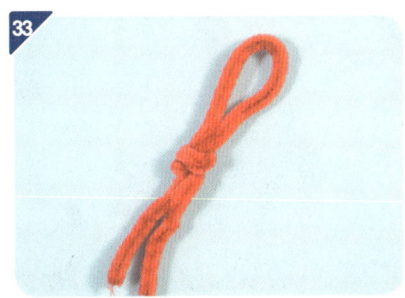

매듭 고리는 약 7cm 정도가 되게 합니다.

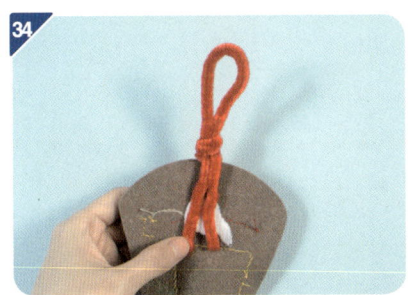

소잉케이스 뒷면의 안쪽 중심에 모루를 놓고 오공본드로 붙입니다. 바깥으로 매듭과 고리만 나오게 붙입니다.

그 위에 안감을 겉면이 위를 향하도록 올려놓고, 둥근 윗변만 버튼홀스티치 합니다(모루는 끼워박기).

나머지 안감 1장을 겉면이 아래를 향하도록 올려놓습니다.

안감 위에 기화성펜으로 앞면1, 2, 3의 경계선을 표시합니다(가위와 펜을 꽂을 부분).

표시 선을 따라 러닝스티치로 안감끼리만 떠서 고정합니다. 중심 쪽으로 약 8~9cm 정도만 뜹니다.

가위와 펜을 꽂을 부분이 완성되었습니다.

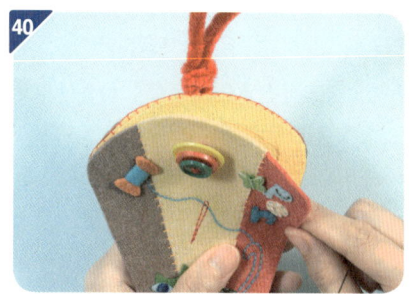

소잉케이스 앞면을 그 위에 겹칩니다.

앞면, 뒷면, 안감까지 총 4장을 겹쳐서 가장자리를 버튼홀스티치 합니다. 반접 라벨은 펠트와 안감 사이에 끼우고 끼워 박기 합니다.

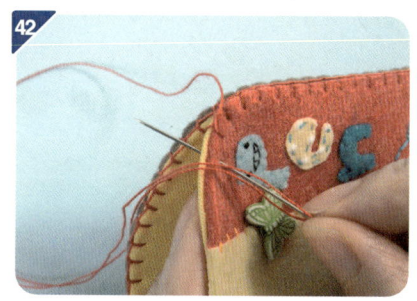

세 변을 버튼홀스티치하고 앞면의 둥근 윗변도 그대로 이어서 버튼홀스티치 합니다.

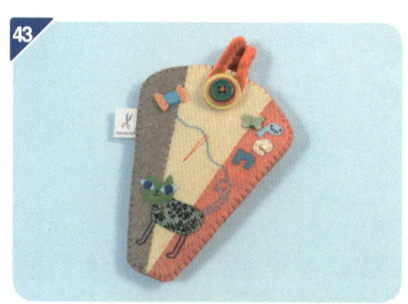

모루 고리를 단추에 걸면 큐트냥 소잉 케이스 완성입니다.

17 블루밍 소녀감성 프레임 핸드백

바느질법 아플리케
아플리케2
백스티치
러닝스티치
새틴스티치
프렌치너트스티치
예상 제작 시간 약 5시간
완성 크기 약 18×22cm

준비물

펠트
- ☐ 2mm펠트(베이지, 베이비블루, 옐로우, 자주, 카키, 주황, 블루)
- ☐ 소프트펠트(아이보리)
- ☐ 미끄럼방지(도트 레드)

원단
- ☐ 플라워 프린트 자투리

도구
- ☐ 바늘
- ☐ 실(아이보리, 그린, 보라, 핑크, 주황, 녹색, 하늘색)
- ☐ 기화성펜
- ☐ 가위
- ☐ 시침핀
- ☐ 오공본드
- ☐ 글루건

재료
- ☐ 핸드백 프레임(14.5×7cm)
- ☐ 브로치 핀
- ☐ 토숀 3종
- ☐ 주황 왁스 끈
- ☐ 컬러 시드 비즈
- ☐ 참 장식

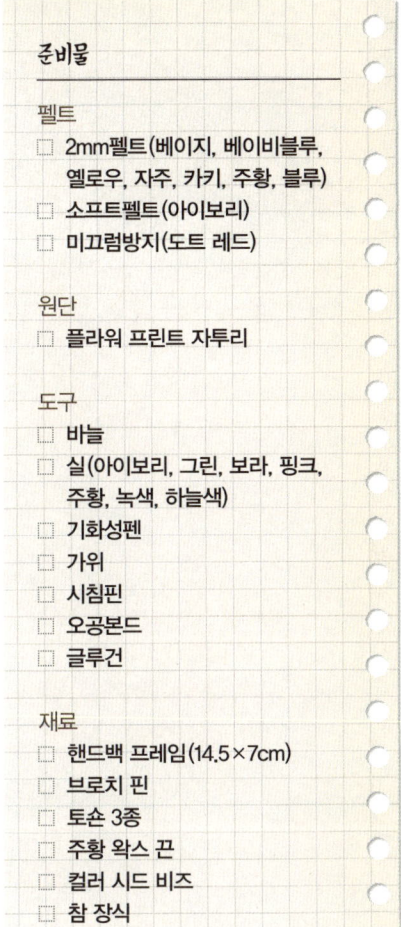

실물본을 참고하여 모든 펠트를 재단합니다. 핸드백 몸체와 포켓 펠트는 실물본의 점선대로 시접을 1cm 두고 재단합니다.

앞면과 뒷면 만들기 →

앞포켓과 뒤포켓에 시접 부분을 기화성펜으로 표시합니다.

앞포켓에 들어갈 'Bloo' 펠트의 위치를 잡고, 오공본드로 임시로 붙입니다.

펠트 색상과 대비되는 색상의 실을 사용하여 'Bloo' 펠트를 아플리케 2 방법으로 고정합니다.

'Bloo' 펠트를 꾸밀 장식을 기화성펜으로 표시합니다.

각각에 어울리는 색실로 꽃잎, 해 등을 백스티치 합니다.

뒤포켓에 'ming' 펠트를 올려놓고 앞 포켓과 같은 방법으로 꾸밉니다. 'm'에는 새싹 모양을, 'n'에는 체리 모양을 각각 백스티치 합니다(체리 열매는 프렌치너트 스티치).

앞포켓의 위쪽 가장자리에서 5mm 안쪽을 기화성펜으로 표시합니다.

표시 선을 따라 러닝스티치 합니다. 이때 4분의 3 지점까지만 합니다(포켓 부분).

나머지 4분의 1 부분은 핸드백 몸체 펠트의 아랫부분에 잘 맞춰 놓고 2장을 같이 러닝스티치 합니다.

앞포켓 연결이 끝나면, 포켓의 왼쪽 위에 네잎클로버 잎 펠트 4장을 올려놓고 기화성펜으로 줄기를 표시합니다.

잎을 각각 아플리케 하고, 중심선과 줄기 부분은 백스티치와 새틴스티치로 마무리합니다.

앞면 꾸밈이 완성되었습니다.

뒤포켓도 핸드백 몸체 펠트의 아랫부분에 잘 맞춰 놓고 왼쪽에서 4분의 1 지점까지만 2장을 같이 러닝스티치 합니다.

나머지 4분의 3 부분은 뒤포켓 1장만 러 닝스티치 합니다(포켓 부분).

뒷면의 꾸밈이 완성되었습니다.

앞면과 뒷면 연결하고 프레임 달기 →

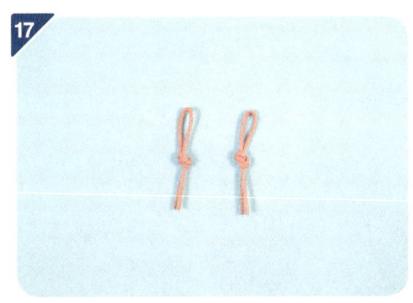

왁스 끈을 사진과 같이 고리를 만들어 매 듭짓습니다.

뒷면 위에 완성선(시접 1cm를 제외한 실물본의 실선 부분)을 기화성펜으로 표시한 다음, 왁 스 끈의 고리가 안으로 가도록 사진과 같 이 한두 땀으로 고정합니다.

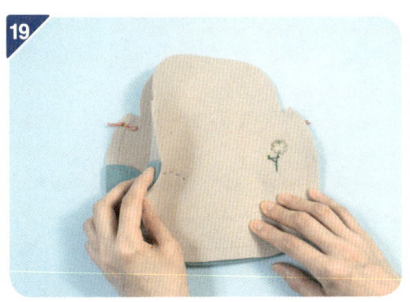

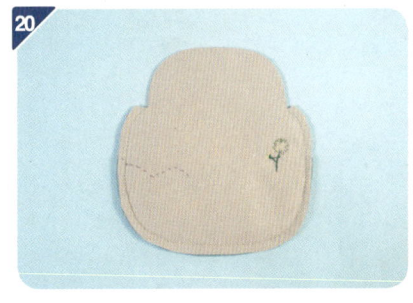

그 위에 앞면을 겹칩니다. 사진과 같이 겉쪽이 서로 마주보도록 합니다.

기화성펜으로 완성선을 표시한 다음, 그 선을 따라서 박음질로 앞면과 뒷면 을 연결합니다.

뒤집으면 핸드백 몸체가 완성됩니다.

프레임 사이에 끼울 물결무늬 펠트 1장에 참 장식을 답니다.

물결무늬 펠트를 핸드백 몸체 앞면의 상단에 올려놓고 시침질로 임시로 고정합니다.

펠트를 프레임의 안쪽 끝까지 끼웁니다.

Tip. 구멍 사이 간격에 몇 개의 비즈가 적당한지 잘 생각하여 그때그때 비즈 개수를 조절하세요.

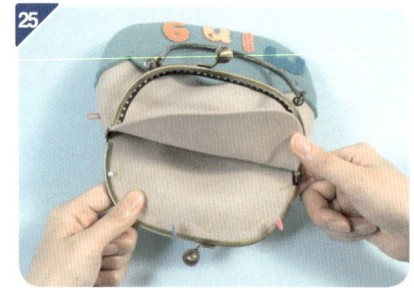

바느질할 때 프레임이 빠지거나 밀리지 않도록 시침핀으로 임시로 고정합니다.

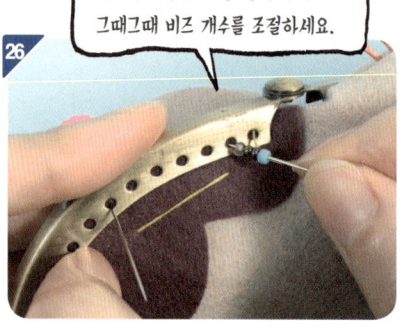

백스티치로 프레임을 고정합니다. 이때 겉쪽 바늘땀에는 컬러 비즈를 3~4개씩 꿰어 답니다.

같은 방법으로 프레임 양쪽을 모두 답니다.

핸드백 양쪽 고리에 왁스 끈을 빙 둘러 끼웁니다.

핸드백 왼쪽에서 끈을 길게 늘여 매듭짓습니다.

토숀도 같은 방법으로 두 번 두르고 역시 핸드백 왼쪽에서 길게 늘여 매듭짓습니다.

Tip. 버튼홀스티치를 할 때 실을 바짝 잡아당겨가며 하면 자연스럽게 오므려지는 모양이 돼요.

장미꽃 받침2 펠트를 아랫변을 제외하고 가장자리를 버튼홀스티치 합니다.

장미꽃 받침1 펠트2장 사이에 앞서 완성된 펠트를 사진과 같이 끼웁니다.

장미꽃 받침1을 버튼홀스티치로 연결합니다(장미꽃 받침2는 끼워박기). 이때도 마찬가지로 실을 잡아당겨가며 사진과 같이 오므린 모양이 나오게 합니다. 브로치 받침이 완성되었습니다.

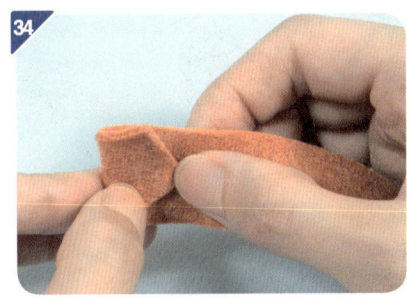

주황 장미꽃1 펠트의 시작 부분을 사진과 같이 약간 사선으로 한 번 접습니다.

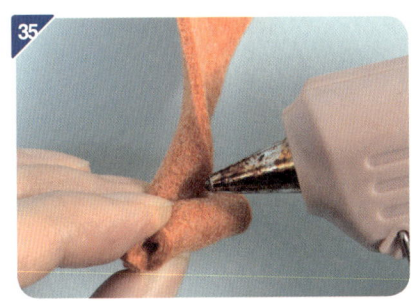

살짝 감아 글루건으로 아랫부분을 고정한 다음, 펠트를 바깥쪽으로 한 번 꺾어 접습니다.

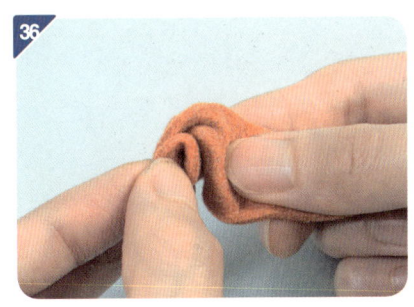

그 상대로 돌돌 감습니다.

사진과 같이 펠트를 중간에 한 번씩 바깥쪽으로 꺾어 접으며 돌돌 감습니다.

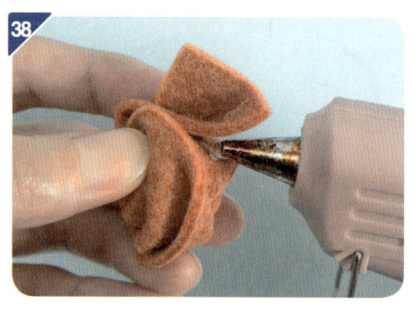

다 감았으면 끝 부분을 글루건으로 고정합니다.

장미꽃이 완성되었습니다. 같은 방법으로 아이보리 장미꽃2도 만듭니다.

플라워 프린트 원단을 핑킹가위로 길게 재단하고, 토숀 2종은 16~17cm 정도의 길이로 자릅니다.

원단과 토숀을 겹쳐 장미꽃 받침의 둥근 부분에 바늘땀으로 고정합니다.

그 위에 장미 2송이를 올려놓고 글루건으로 붙입니다.

뒷면에 브로치 핀을 붙입니다.

블루밍 브로치가 완성되었습니다.

완성된 브로치 핀은 핸드백 오른편에 달아서 장식합니다.

블루밍 소녀감성 프레임 핸드백이 완성되었습니다.

18 둥이 펜슬케이스

바느질법 버튼홀스티치
러닝스티치
백스티치
새틴스티치
예상 제작 시간 약 2시간
완성 크기 약 29×10cm

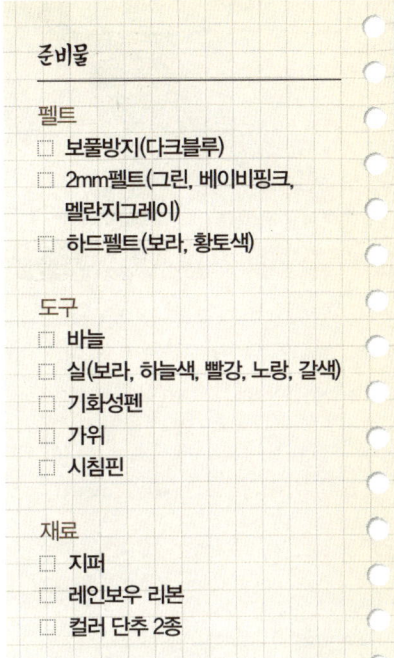

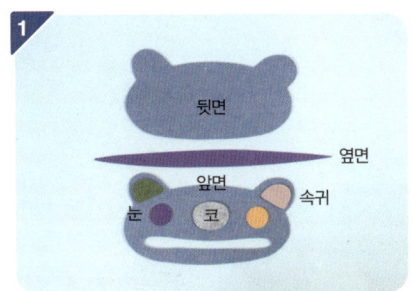

1 실물본을 참고하여 모든 펠트를 재단합니다.

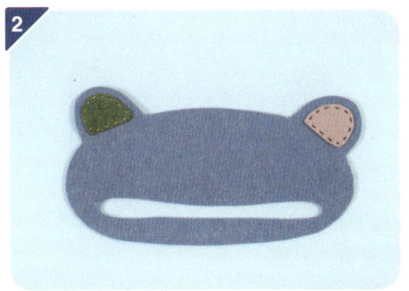

2 펜슬케이스 앞면에 속귀를 각각 러닝스티치로 고정합니다.

3 눈 펠트도 실물본의 위치대로 러닝스티치 하고 컬러 단추를 답니다.

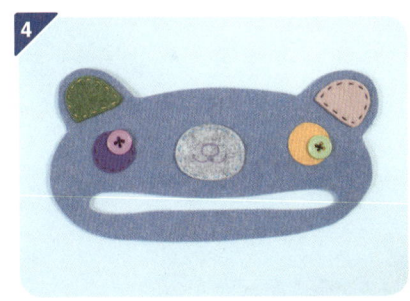

4 코와 입 부분 펠트를 러닝스티치로 고정하고, 기화성펜으로 코와 입 모양을 그립니다.

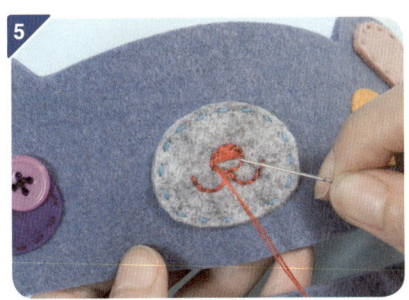

5 표시 선을 따라 백스티치와 새틴스티치로 코와 입 모양을 표현합니다.

6 지퍼를 입 부분에 맞춰 시침핀으로 고정합니다.

7 가장자리에서 약 2mm 바깥쪽 선을 따라 쭉 러닝스티치로 고정합니다.

8

바깥쪽으로 튀어나온 지퍼 부분은 잘라
냅니다. 펜슬케이스 앞면이 완성되었습
니다.

9

펜슬케이스 앞면과 뒷면을 겹쳐 오른쪽
귀부터 왼쪽 귀까지(도안 A'부터 A까지) 버튼
홀스티치로 연결합니다.

10

Tip. 옆면 펠트가 움직일 수 있으니
시침핀으로 임시로 고정해도 좋아요.

왼쪽 귀까지 버튼홀스티치를 한 다음,
옆면 펠트를 앞면과 겹쳐서 그대로 버
튼홀스티치를 끝까지 이어갑니다.

11

옆면과 앞면의 연결이 끝나면, 그대로
옆면과 뒷면을 버튼홀스티치로 연결합
니다.

12

옆면과 뒷면의 연결이 끝나면 버튼홀스
티치 시작점에서 마무리합니다.

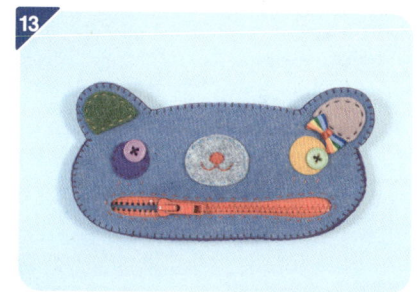

13

레인보우 리본을 속귀 밑에 달아 장식하
면 둥이 펜슬케이스 완성입니다.

Tip. 뒷면에 다양한
스티치를 넣어보세요.

134

19 가랜드 스마일포켓 통장지갑

바느질법 아플리케
아플리케2
백스티치
러닝스티치
예상 제작 시간 약 4시간
완성 크기 약 12×17cm

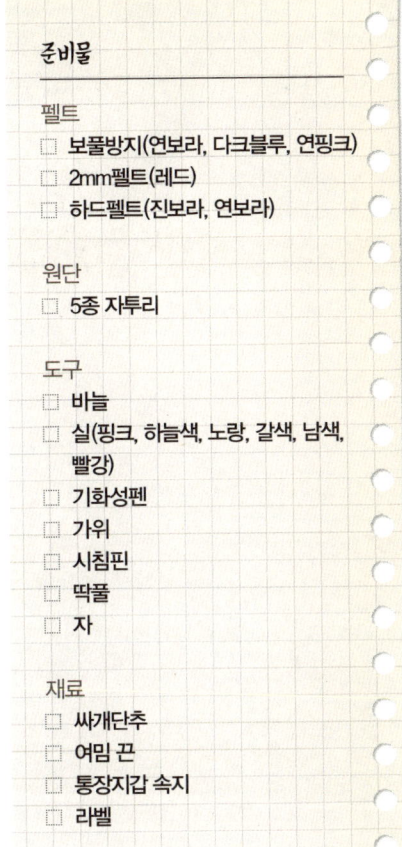

1

실물본을 참고하여 모든 펠트를 재단합니다.

2

겉면 펠트 위에 레드 아플리케 펠트를 사진과 같이 올려놓고 왼쪽 변만 아플리케로 고정합니다.

Tip. 바느질을 하기 전에 블루 펠트 위에 시침질을 해놓으면 밀리지 않아서 편해요.

3

도안의 표시대로 그 옆에 블루 아플리케 펠트를 올려놓고 오른쪽 변은 러닝스티치로, 왼쪽 변은 아플리케 2 방법으로 고정합니다.

4

연핑크 아플리케 펠트도 블루 펠트와 같은 방법으로 고정합니다.

5

실물본을 참고하여 자투리 원단 안쪽 면에 가랜드 플래그 완성선을 그립니다.

6

완성선보다 약 3mm 시접을 남기고 자른 다음, 각 모서리는 사진과 같이 비스듬히 자릅니다.

7

시접에 딱풀을 발라 완성선대로 안쪽으로 접어 붙입니다.

같은 방법으로 4종의 자투리 원단으로 4개의 가랜드 플래그를 더 만듭니다.

통장지갑 겉면에 가랜드 줄을 백스티치로 표현합니다.

가랜드 줄을 따라 플래그를 각각 러닝 스티치로 답니다.

가랜드 장식이 완성되었습니다.

통장지갑 겉면의 레드 펠트 세로 중심에 싸개단추를 답니다.

통장지갑 겉면의 입 모양 구멍 위에 웃는 눈을 스티치 하고, 입 모양 구멍 가장자리의 약 2mm 바깥쪽 선을 따라 러닝 스티치 합니다.

통장지갑 겉면이 완성되었습니다.

통장지갑 안감 펠트 위에 속포켓을 러닝 스티치로 고정합니다. 속포켓에는 미리 라벨을 달아둡니다.

안감 위에 통장지갑 속지를 고정할 중심선을 기화성펜으로 표시합니다.

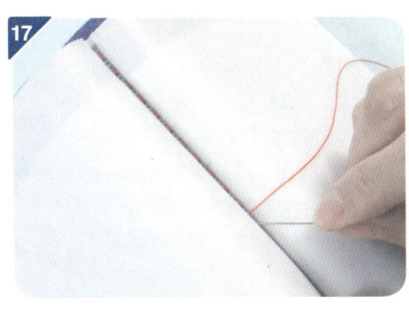

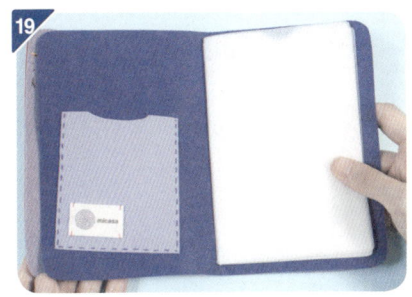

통장지갑 속지의 반을 갈라, 안감의 중심선 위에 올려놓고, 사진과 같이 러닝 스티치로 고정합니다.

통장지갑 안감이 완성되었습니다.

안감과 겉면을 겹칩니다.

20

오른쪽 안감과 겉면 사이에 여밈 끈을 끝 부분에 한두 번 매듭을 잡고 단추 위치에 맞게 끼웁니다.

21

안감과 겉면의 좌우를 잘 맞춰 시침핀으로 고정합니다.

> **Tip.** 안감은 겉면보다 가로가 약 5mm 정도 짧아요. 안감과 겉면의 가로 길이가 같으면 통장지갑을 반으로 접었을 때 안감이 울 수 있기 때문이에요. 따라서 고정할 때는 평평한 상태가 아니라, 반으로 접은 상태에서 좌우를 맞춰야 크기가 맞아요.

22

안감과 겉면을 겹친 채로 가장자리에서 약 2mm 안쪽 선을 따라 러닝스티치로 고정합니다.

23

가랜드 스마일포켓 통장지갑이 완성되었습니다.

Tip. 뒷면 입 모양 구멍은
포켓으로 사용하세요.

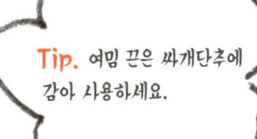
Tip. 여밈 끈은 싸개단추에
감아 사용하세요.

PART 5

Living & Kitchen

20 로즈 부케

바느질법 노소잉(no sewing)
예상 제작 시간
약 20분(한 송이 기준)
완성 크기
약 7×20cm(한 송이 기준)

준비물

펠트
- ☐ 2mm펠트(레드, 그린, 카키)
- ☐ 하드펠트(흰색)

도구
- ☐ 기화성펜
- ☐ 가위
- ☐ 글루건

재료
- ☐ 꽃 철사
- ☐ 9자 집게
- ☐ 송곳
- ☐ 그린 계열 리본
- ☐ 오간디 리본

1 실물본을 참고하여 펠트를 재단합니다. 장미 한 송이를 만들 수 있는 기준입니다.

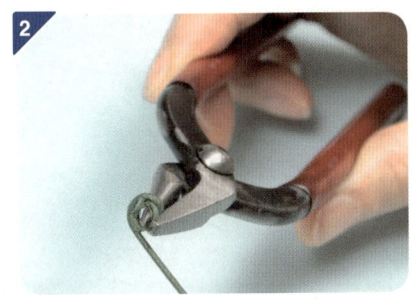

2 꽃 철사를 9자 집게로 살짝 말아 동그랗게 만듭니다.

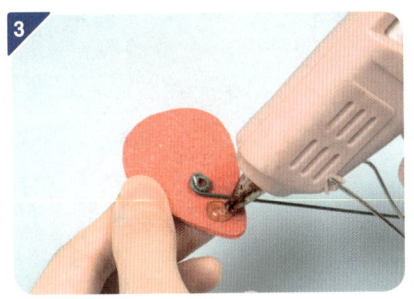

3 꽃잎1에 동그랗게 만 꽃 철사를 사진과 같이 놓고 아랫부분에 글루건을 쏩니다.

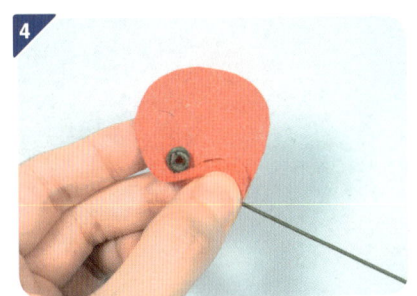

4 아랫부분부터 동그랗게 말아줍니다.

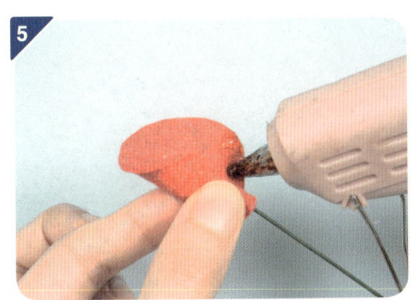

5 돌돌 말고 끝 부분도 글루건으로 붙입니다.

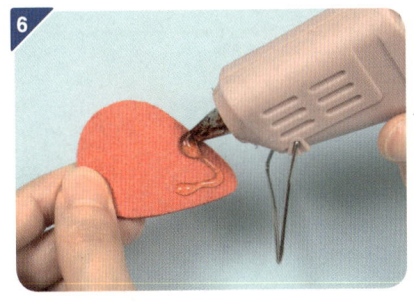

6 꽃잎2의 아랫부분에 글루건을 V자 모양으로 쏩니다.

7 앞에서 만 꽃잎1에 그대로 말듯이 붙입니다.

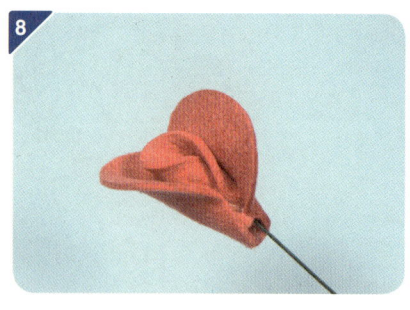

꽃잎3~5도 같은 방법으로 서로 위치를 달리해서 붙입니다.

꽃잎을 붙인 후 꽃잎 끝을 뒤로 살짝 젖혀줍니다.

꽃잎6의 아랫부분 중심에 송곳으로 구멍을 뚫습니다(꽃 철사 끼울 구멍).

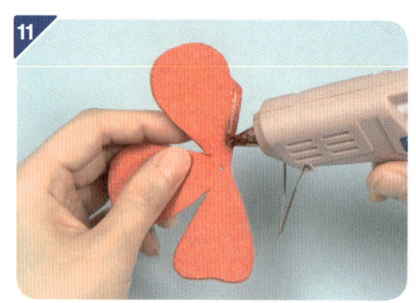

한쪽 끝에 글루건을 쏩니다.

다른 쪽 끝에 이어서 붙입니다.

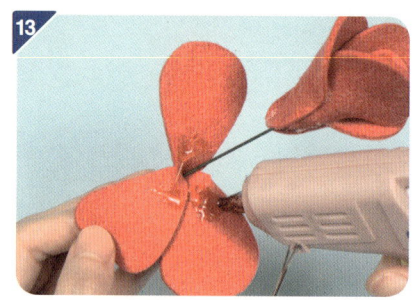

앞에서 만든 꽃잎의 철사에 그대로 끼운 후 중심 부분에 글루건을 쏩니다.

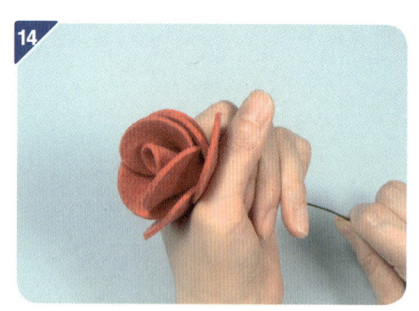

그대로 앞 꽃잎에 붙입니다.

Tip. 꽃잎 모양을 봐가며 균형 있게 붙여주면 돼요!

꽃잎7은 아랫부분에 V자 모양으로 글루건을 쏜 후 앞 꽃잎에 그대로 붙입니다.

꽃잎8, 9도 중심에 송곳으로 구멍을 뚫은 후 양쪽 끝을 글루건으로 서로 붙입니다.

17

13~14와 같은 방법으로 앞에서 만든 꽃잎에 붙입니다.

18

잎사귀도 같은 방법으로 꽃잎에 붙입니다.

19

꽃잎 하나하나를 뒤로 젖혀 좀 더 예쁜 모양이 나오게 매만져줍니다.

20

장미 한 송이가 완성되었습니다.

21

같은 방법으로 흰색 장미 6송이를 만듭니다.

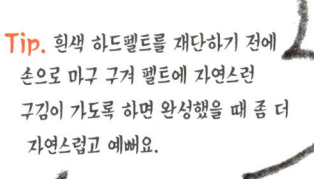

Tip. 흰색 하드펠트를 재단하기 전에 손으로 마구 구겨 펠트에 자연스런 구김이 가도록 하면 완성했을 때 좀 더 자연스럽고 예뻐요.

22

빨간 장미 한 송이를 중심에 놓고 흰 장미 6송이를 둥글게 감쌉니다.

23

꽃 철사나 다른 가는 철사로 줄기들을 모아서 묶습니다.

24

글루건으로 줄기와 비슷한 그린 계열의 리본을 줄기에 감아 붙입니다.

리본으로 줄기를 감싼 모습입니다.

오간디 리본을 줄기 윗부분에 묶어 장
식합니다.

로즈 부케가 완성되었습니다.

21 데코 트리

바느질법 노소잉(no sewing)
예상 제작 시간 약 15분
완성 크기 약 17×18cm

준비물

펠트
- ☐ 2mm펠트(옐로우, 브라운, 그린, 카키, 베이비블루)
- ☐ 하드펠트(레몬, 연핑크)

도구
- ☐ 기화성펜
- ☐ 가위
- ☐ 글루건
- ☐ 페브릭펜(검정, 빨강, 그린)

재료
- ☐ 왁스 끈(갈색)

실물본을 참고하여 펠트를 재단합니다.

나무 펠트 2장을 서로 맞물리게 겹쳐 빈 곳 없이 꼼꼼하게 붙입니다.

나무가 완성되었습니다.

재단한 잎사귀들을 나뭇가지 사이사이에 색상을 섞어서 꽂아줍니다.

받침대는 브라운 사이에 옐로우가 들어가도록 3장을 글루건으로 꼼꼼히 붙입니다.

받침대를 나무 홈에 끼웁니다.

재단한 새의 한쪽 면에 페브릭펜으로 눈과 깃털 등을 그립니다.

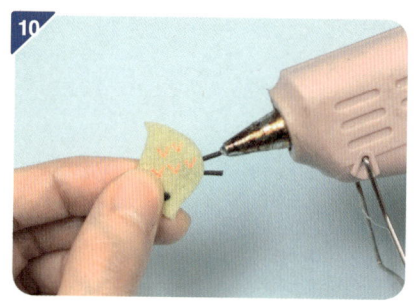

반대쪽 면에 왁스 끈을 짧게 잘라 다리를
만들어 글루건으로 붙입니다.

그대로 새 앞뒷면을 붙이면 새가 완성
됩니다.

다리 끝에 글루건을 아주 살짝 쏩니다.

Tip. 크기와 색상을 달리 만들어 함께 장식해보세요!

잎사귀 위에 붙입니다.

데코 트리가 완성되었습니다.

22 선인장 핀쿠션

바느질법 박음질
버튼홀스티치
러닝스티치
예상 제작 시간 약 1시간 30분
완성 크기 약 12.5×21cm

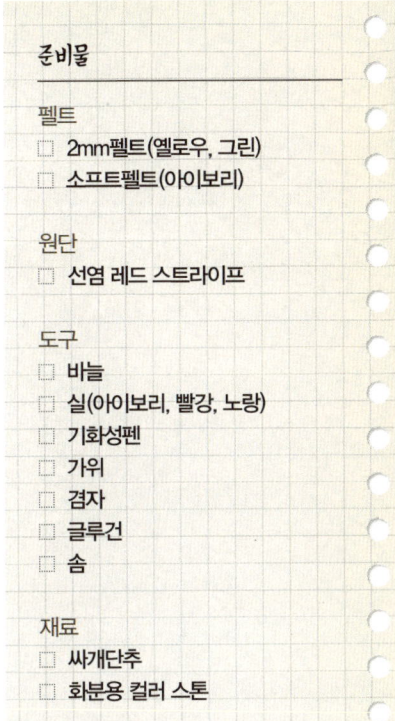

준비물

펠트
☐ 2mm펠트(옐로우, 그린)
☐ 소프트펠트(아이보리)

원단
☐ 선염 레드 스트라이프

도구
☐ 바늘
☐ 실(아이보리, 빨강, 노랑)
☐ 기화성펜
☐ 가위
☐ 겸자
☐ 글루건
☐ 솜

재료
☐ 싸개단추
☐ 화분용 컬러 스톤

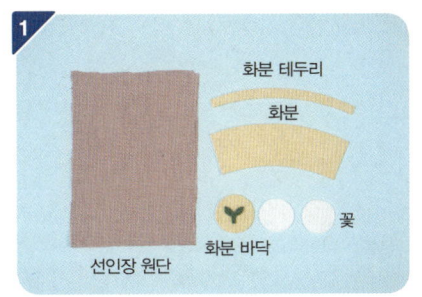

1

화분 테두리
화분
꽃
화분 바닥
선인장 원단

실물본을 참고하여 모든 펠트와 원단을 재단합니다.

선인장 만들기 →

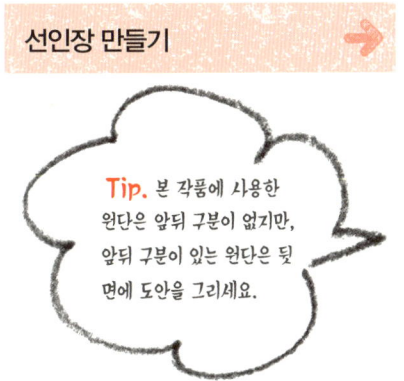

Tip. 본 작품에 사용한 원단은 앞뒤 구분이 없지만, 앞뒤 구분이 있는 원단은 뒷면에 도안을 그리세요.

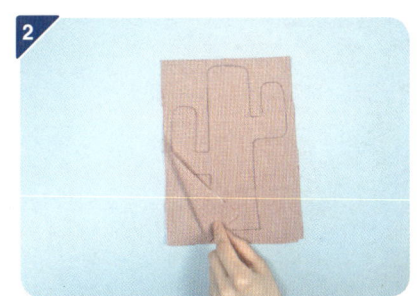

2

원단 한 장에 선인장 도안을 그립니다.

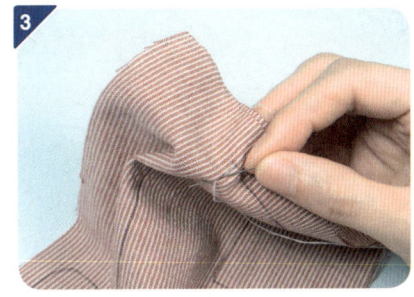

3

다른 한 장을 뒤에 겹쳐 선인장 도안 선을 따라 박음질 합니다. 이때 선인장 밑 부분은 박음질 하지 말고 창구멍으로 남겨둡니다.

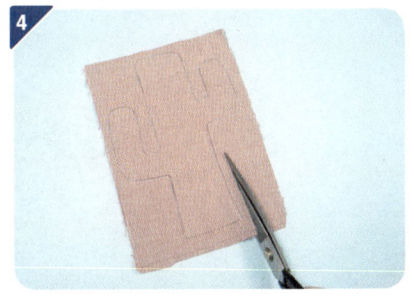

4

박음질 후 시접을 약 1cm 정도 남기고 자릅니다.

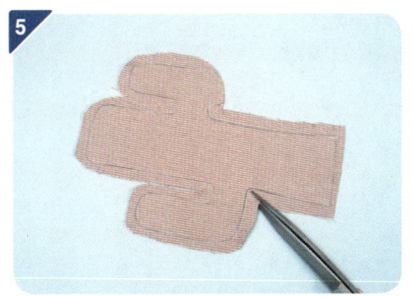

5

모서리마다 시접 부분에 가위집을 내줍니다.

Tip. 겸자는 주로 솜을 넣을 때 사용하지만, 뒤집을 때도 사용하면 편리해요!

겸자를 사용해 뒤집습니다.

원단을 뒤집은 모습입니다.

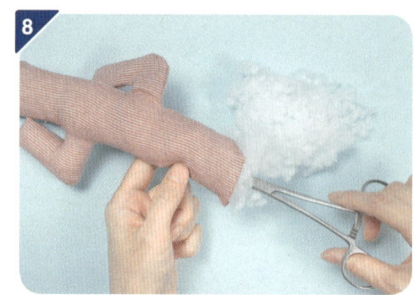

솜을 뭉치지 않게 골고루 채웁니다.

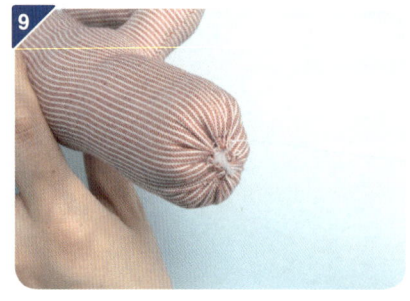

솜을 단단히 채운 후 밑부분 창구멍은 홈질을 해 쭉 잡아당겨 오므린 후 매듭 짓습니다.

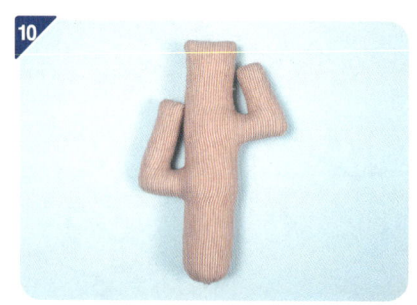

선인장이 완성되었습니다.

꽃 만들기 →

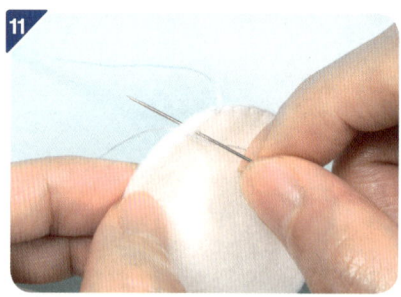

꽃 펠트 2장을 겹쳐 가장자리를 버튼홀스티치 합니다.

버튼홀스티치를 하다가 약 2cm 정도 남기고 솜을 채운 후 마무리합니다.

중심으로 바늘을 넣어 통과시킵니다.

뒷면에서 같은 위치에 다시 한 번 바늘을 넣고, 약간 홈이 파일 정도로 실을 강하게 잡아당깁니다.

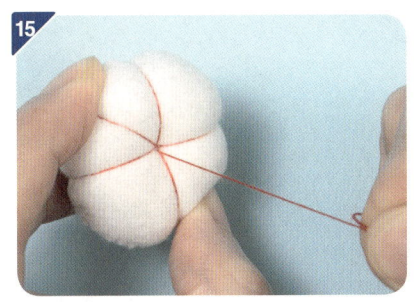

같은 방법으로 총 8등분 모양이 나오도록 합니다. 실을 강하게 잡아당겨 올록볼록하게 합니다.

8등분 후 중심에 싸개단추를 답니다.

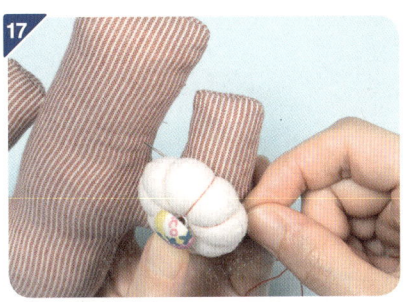

싸개단추를 단 실을 뒷면으로 빼내어 그대로 선인장 한곳에 답니다.

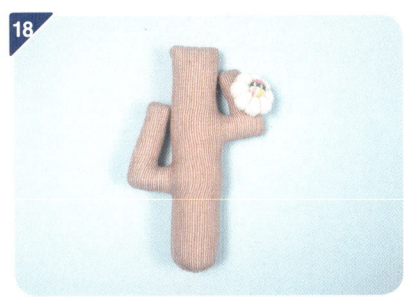

꽃이 완성되었습니다.

화분 만들기 ➡

화분 펠트 양끝을 겹쳐 버튼홀스티치 합니다.

버튼홀스티치 후 바느질 부분을 손가락으로 꾹꾹 눌러 평평하게 만듭니다.

그대로 화분 바닥을 댄 후 버튼홀스티치로 연결합니다.

화분 테두리 전체에 글루건을 쏜 후 새싹 펠트를 한쪽에 놓습니다.

그대로 화분 윗부분에 붙이면 화분 완성입니다.

화분에 선인장 심기 →

화분 속에 작게 조각낸 자투리 펠트를 넣어 바닥을 조금 채웁니다.

선인장 밑부분에 글루건을 쏩니다.

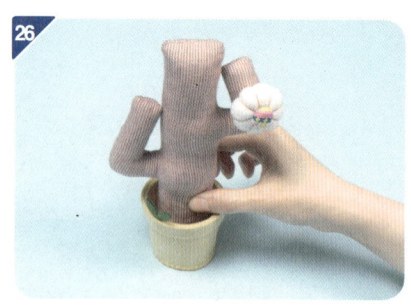

그대로 화분 속에 넣어 고정합니다.

빈 공간에 컬러 스톤을 꼼꼼히 넣어 채웁니다.

Tip. 예쁜 시침핀 등을 꽂아놓으면 멋진 데코 소품도 돼요!

선인장 핀쿠션이 완성되었습니다.

23 버드 앤 케이지

바느질법 박음질
버튼홀스티치
러닝스티치
예상 제작 시간 약 3시간
완성 크기 약 25×25cm

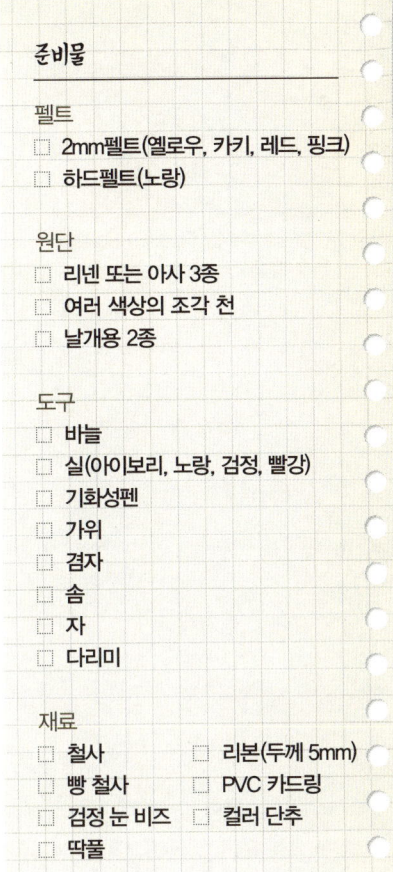

1 실물본을 참고하여 펠트를 재단합니다.

2 실물본을 참고하여 케이지 철사 커버용 원단도 재단합니다.

케이지 만들기 ➜

3 철사를 지름 25cm가 되도록 둥글게 말아둡니다.

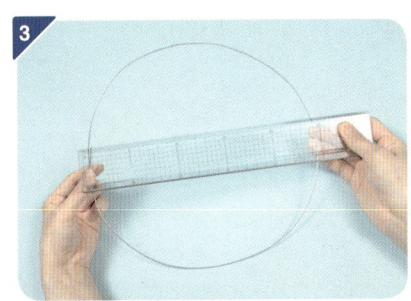

4 원단을 가로로 놓고 위아래 약 5mm 정도 안으로 접어 다림질해 시접을 정리합니다.

5 가로로 한 번 더 반을 접어 다림질합니다. 나머지 원단 2종도 같은 방법으로 만듭니다.

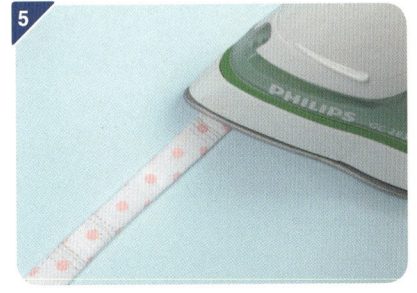

6 눈에 띄지 않는 색상의 실로(원단에 묻히는 색상) 바깥쪽을 쭉 따라 박음질이나 촘촘한 홈질을 합니다. 중심에 와이어를 넣어야 하므로 공간이 많게 최대한 바깥쪽으로 바느질을 합니다.

7 같은 방법으로 원단 3종을 모두 바느질한 모습입니다.

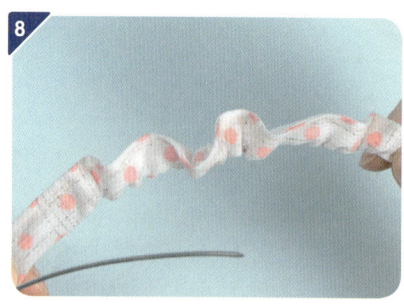

8 원단 중심에 둥글게 말아놓은 철사를 끼웁니다. 적당히 주름을 잡아줍니다.

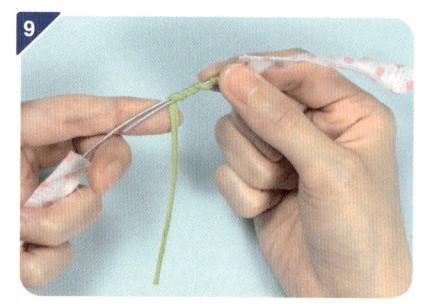

9 지름 25cm가 되도록 둥글게 말고 철사 양끝을 겹쳐 빵 포장 끈으로 감아서 고정합니다.

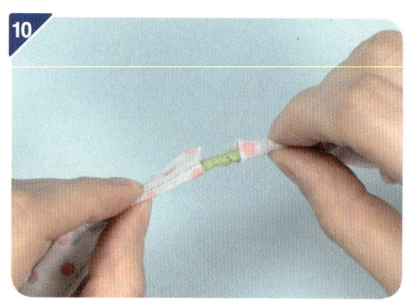

10 연결 부분은 원단으로 덮어줍니다.

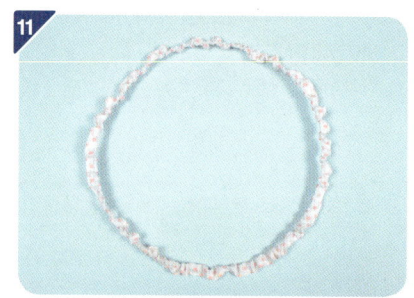

11 케이지 철망 하나가 완성되었습니다. 같은 방법으로 2개의 철망을 더 만듭니다.

12 3개의 철망을 사진과 같이 서로 엇갈리도록 끼웁니다. 좌우 균형을 맞춥니다.

13 원단을 재단하고 남은 조각 천으로 철망이 만나는 부분을 묶어서 고정합니다. 위아래 모두 고정하면 케이지 완성입니다.

새 만들기 →

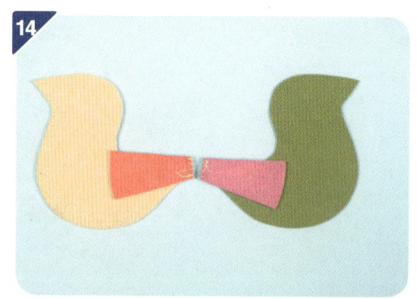

14 꼬리와 몸통을 사진과 같이 맞대고 매듭을 겉에 둔 후 버튼홀스티치로 연결합니다.

15 꼬리를 뒤집어서 바느질 부분을 손으로 평평하게 폅니다.

16 새 좌우 2장을 겹쳐서 몸통 부분부터 버튼홀스티치 합니다(꼬리는 제외).

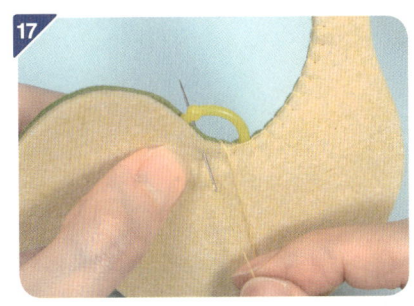

17 버튼홀스티치를 하다가 중간에 PVC 카드링을 끼워박기 합니다. 부리까지 버튼홀스티치를 계속 해나갑니다.

18 부리부터는 배 부분 펠트를 대고 우선 새의 왼쪽 몸통 방향으로 버튼홀스티치를 합니다.

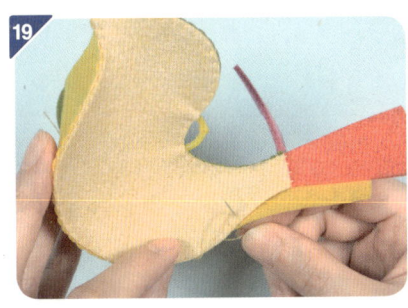

19 실물본 표시 부분까지만 버튼홀스티치 합니다.

20 새의 오른쪽 몸통 방향으로도 버튼홀스티치 합니다.

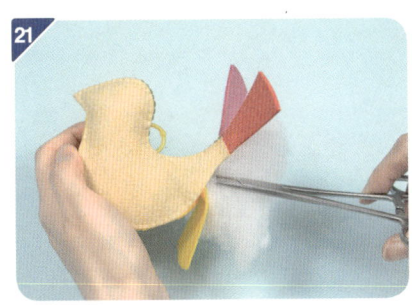

21 버튼홀스티치 후 꼬리 밑 부분으로 솜을 꼼꼼히 넣습니다.

22 솜을 넣은 후 바느질이 안 되어 있는 꼬리 부분은 사진과 같이 러닝스티치로 연결합니다. 꼬리 끝까지 하지 말고, 꼬리 시작 부분까지만 합니다.

23 꼬리 끝은 사진과 같이 벌려서 연결합니다.

새 몸통이 완성되었습니다.

눈 위치를 표시한 후 검정 실을 펜 바늘을 버튼홀스티치 되어 있는 펠트 사이로 넣어 눈 위치에서 빼냅니다. 실을 끝까지 잡아당기면 매듭이 솜 안으로 쏙 들어가 겉에서 보이지 않습니다.

검정 눈 비즈를 끼우고 반대편 눈 위치로 바늘을 빼냅니다.

검정 눈 비즈를 끼우고 다시 반대편 눈 위치로 바늘을 빼냅니다. 이때 실을 쭉 잡아당겨 눈이 쏙 들어가 입체감이 생기게 해줍니다.

같은 방법으로 한 번 더 왔다갔다하여 튼튼하게 눈을 답니다.

눈을 단 후 바늘을 버튼홀스티치 되어 있는 펠트 사이로 넣어 그곳에 매듭을 짓습니다.

같은 위치로 바늘을 다시 넣어 멀리서 빼내고 실을 잡아당겨 매듭이 솜 안으로 들어가게 합니다. 남은 실은 바짝 자릅니다.

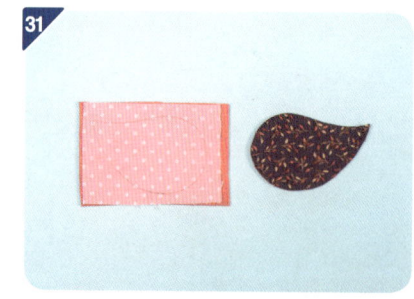

날개 펠트 위에 날개 원단 2종을 각각 딱풀로 붙인 후 기화성펜으로 원단 위에 날개 도안을 그립니다. 좌우 날개는 서로 대칭이어야 합니다.

도안 선을 따라 재단한 후 가장자리에서 약 2mm 안쪽을 러닝스티치로 고정하면 날개 완성입니다.

날개 한쪽에 컬러 단추를 꿰어줍니다.

그대로 새 몸통에 연결합니다.

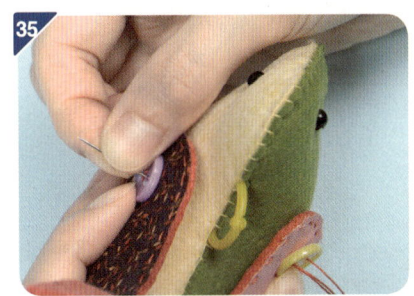

반대편 날개도 단추를 같이 끼워 서로 대칭이 되도록 답니다. 단추 구멍에 실이 X자 모양이 되도록 반복해서 달아줍니다.

새가 완성되었습니다.

케이지와 새 연결하기 →

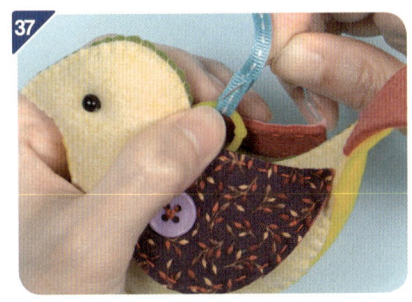

PVC 카드링에 리본을 길게 잘라 끼우고 바늘 한두 땀으로 고정합니다. 그냥 묶어도 됩니다.

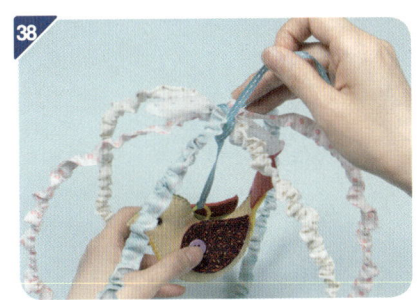

리본 끝을 케이지 윗부분에 묶어 고정합니다. 이때 케이지를 걸 수 있는 리본도 같이 묶어 고정합니다.

조각 천들을 약 8cm 길이로 잘라 케이지 곳곳에 한 번 묶어서 장식합니다. 여러 색상의 천을 사용하는 게 더욱 예쁩니다.

버드 앤 케이지가 완성되었습니다.

24 베이비쭈 미니소품 바스켓

바느질법 러닝스티치
아플리케
버튼홀스티치
백스티치
끼워박기
예상 제작 시간 약 2시간
완성 크기 약 8×14cm

준비물

펠트
- ☐ 2mm펠트(옐로우, 레드, 그린, 브라운, 아이보리)
- ☐ 하드펠트(흰색, 검정, 빨강)
- ☐ 미끄럼방지(도트 레드)

도구
- ☐ 바늘
- ☐ 실(갈색, 노랑, 핑크, 빨강, 그린, 검정, 아이보리)
- ☐ 기화성펜
- ☐ 가위
- ☐ 오공본드
- ☐ 시침핀
- ☐ 아크릴물감(흰색)
- ☐ 이쑤시개

재료
- ☐ 컬러 단추 2종
- ☐ 컬러 미니 단추 2종

1 실물본을 참고하여 펠트를 재단합니다.

2 얼굴 위에 앞머리, 두건을 순서대로 올려놓고 두건 먼저 러닝스티치로 고정합니다. 이때 얼굴 뒷면 크기에 맞춰 위치를 잘 잡습니다.

3 앞머리도 아랫부분만 러닝스티치로 고정합니다.

4 흰색 눈을 제 위치에 놓고 아플리케 합니다.

5 검정 눈동자는 오공본드로 붙입니다.

6 눈썹은 사진과 같은 모양으로 검정 실로 백스티치 하고, 입도 본드로 붙힌 후 입매는 빨강 실로 백스티치 합니다.

7 눈동자는 흰색 아크릴물감을 이쑤시개에 묻혀 찍어줍니다.

완성한 얼굴을 얼굴 뒷면과 겹칩니다.

얼굴 아랫부분은 빼고 두건 부분만 버튼 홀스티치 하여 연결합니다.

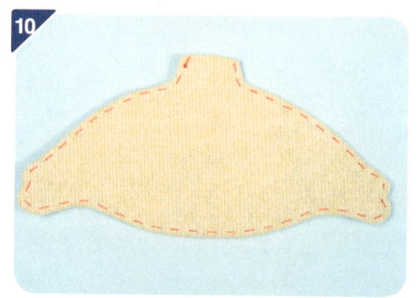

망토는 가장자리 약 2mm 안쪽을 쭉 따라 러닝스티치 합니다.

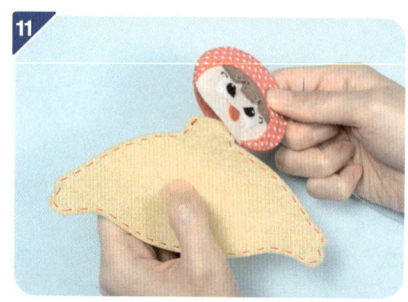

앞서 완성한 얼굴에 망토를 사진과 같이 끼웁니다.

얼굴 아랫부분을 아이보리 실로 끼워박기 하며 고정합니다.

얼굴과 망토를 연결한 모습입니다.

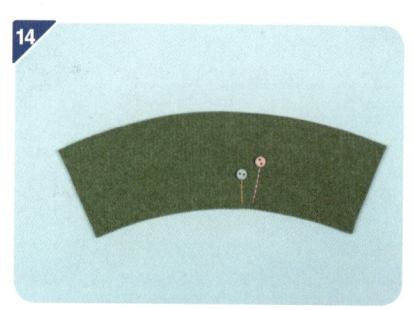

바스켓 몸통 도안 표시 위치에 컬러 단추를 달고 컬러 실로 백스티치 합니다.

양끝을 서로 맞대어 버튼홀스티치 합니다.

버튼홀스티치 후 바느질 부분을 손으로 꾹꾹 눌러 평평하게 만듭니다.

바스켓 밑면을 맞대어 버튼홀스티치로
연결합니다.

앞서 완성한 베이비쭈와 바스켓을 시침
핀으로 임시고정합니다.

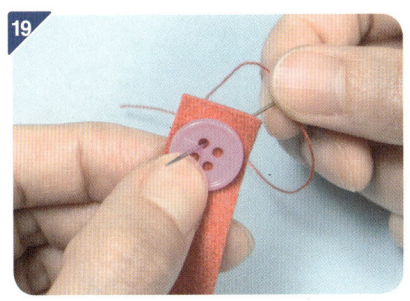

손잡이 끈 펠트 끝에 컬러 단추를 구멍
하나 정도 답니다.

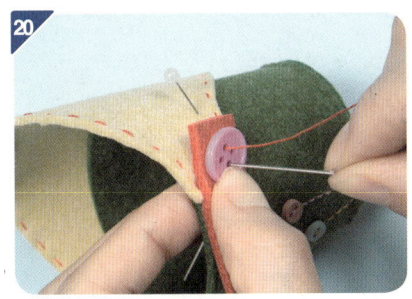

그대로 바스켓에 연결합니다.

양쪽 모두 단추로 손잡이를 모두 연결한
후 매듭을 지어 마무리합니다.

Tip. 리본 등으로 더 귀엽게
장식해보세요!

베이비쭈 미니소품 바스켓이 완성되었
습니다.

25 티타임
에코컵 홀더

바느질법 러닝스티치
프렌치너트스티치
백스티치
예상 제작 시간 약 40분
완성 크기 약 12×7cm

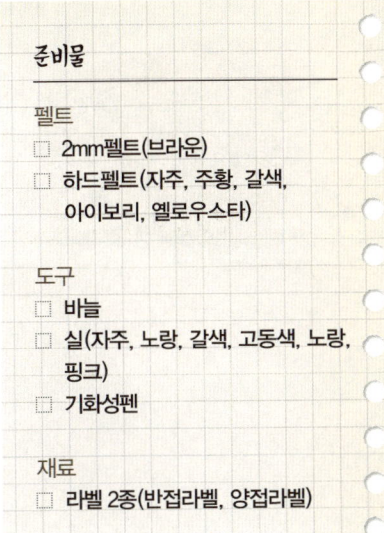

준비물

펠트
☐ 2mm펠트(브라운)
☐ 하드펠트(자주, 주황, 갈색,
   아이보리, 옐로우스타)

도구
☐ 바늘
☐ 실(자주, 노랑, 갈색, 고동색, 노랑,
   핑크)
☐ 기화성펜

재료
☐ 라벨 2종(반접라벨, 양접라벨)

1 실물본을 참고하여 펠트를 재단합니다.

2 컵 요소 펠트들을 사진과 같이 올려놓고 모두 러닝스티치로 고정합니다.

3 주황 펠트에 프렌치너트스티치로 눈을 만들어줍니다.

4 입매와 볼터치도 각각 백스티치와 한땀 홈질 합니다. 태그에 스티치 선을 미리 그려줍니다.

5 커피 원두도 제 위치에 놓고 중심을 백스티치로 고정하고, 티백 모양도 백스티치 합니다.

6 영문과 나머지 꾸밈도 각각에 맞는 실로 백스티치 합니다.

7 한쪽 끝에 라벨을 달아줍니다.

위쪽과 아래쪽 가장자리 약 2mm 안쪽을 따라 러닝스티치 합니다.

양끝을 서로 맞대고 라벨을 그 사이에 끼워 러닝스티치로 고정합니다.

티타임 에코컵 홀더가 완성되었습니다.

26 스위트 라떼
명함 & 사진 꽂이

바느질법 버튼홀스티치
러닝스티치
백스티치
공그르기
예상 제작 시간 약 3시간 30분
완성 크기 약 13×15cm

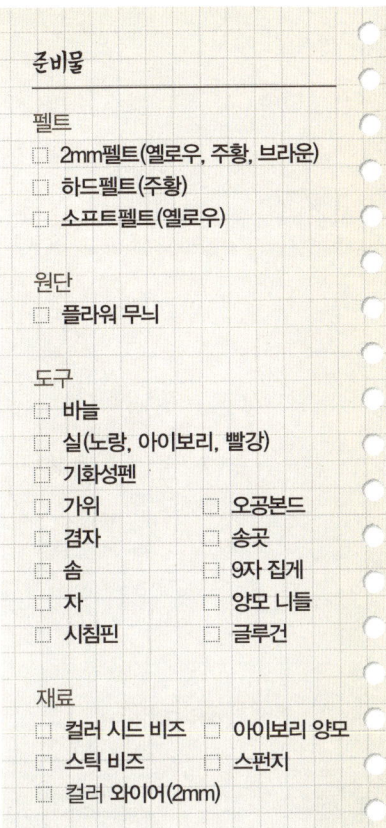

준비물

펠트
- ☐ 2mm펠트(옐로우, 주황, 브라운)
- ☐ 하드펠트(주황)
- ☐ 소프트펠트(옐로우)

원단
- ☐ 플라워 무늬

도구
- ☐ 바늘
- ☐ 실(노랑, 아이보리, 빨강)
- ☐ 기화성펜
- ☐ 가위　　　☐ 오공본드
- ☐ 겸자　　　☐ 송곳
- ☐ 솜　　　　☐ 9자 집게
- ☐ 자　　　　☐ 양모 니들
- ☐ 시침핀　　☐ 글루건

재료
- ☐ 컬러 시드 비즈　☐ 아이보리 양모
- ☐ 스틱 비즈　　　☐ 스펀지
- ☐ 컬러 와이어(2mm)

1

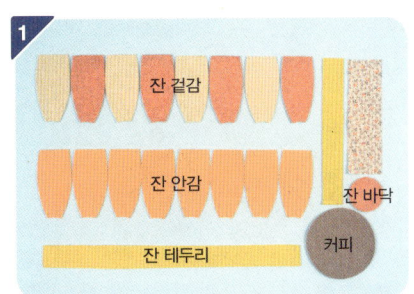

잔 겉감 / 잔 안감 / 잔 바닥 / 잔 테두리 / 커피

실물본을 참고하여 펠트를 재단합니다.

잔 옆면 연결하기 →

2

2mm 옐로우(겉감)와 2mm 주황(겉감) 뒤에 하드펠트 주황(안감)을 각각 겹칩니다. 모두 겹치면 총 8쌍이 됩니다.

3

그 상태에서 2mm 옐로우와 2mm 주황을 서로 맞댑니다(하드펠트 주황이 겉으로 보이도록).

4

> **Tip.** 하드펠트 주황은 안감이 될 것이므로 매듭은 모두 하드펠트 주황 쪽에서 해주세요!

매듭을 겉에 둔 채 한쪽 변을 따라 펠트 4장을 같이 버튼홀스티치 합니다.

5

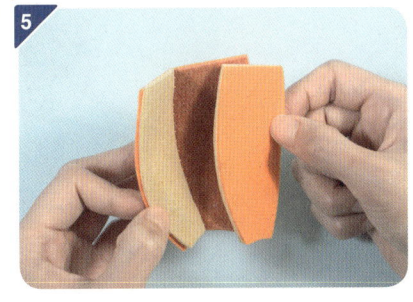

버튼홀스티치 후 뒤집어 2mm 주황 위에 2mm 옐로우(안감과 겹친 상태)가 맞물리게 놓아줍니다.

같은 방법으로 맞물리는 한쪽 변을 버튼홀스티치 하면 이렇게 3쌍이 연결됩니다.

반복하여 옆면 8쌍을 모두 연결합니다.

손잡이 만들어 연결하기 ➜

Tip. 공간이 좁을 때는 겸자나 족집게 같은 도구를 사용해야 손쉽게 뒤집을 수 있어요!

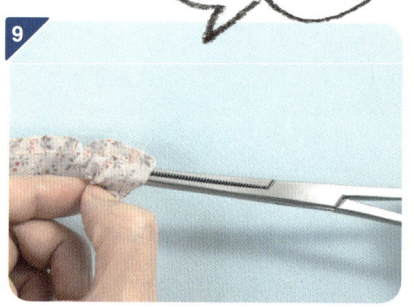

실물본을 참고하여 원단을 재단한 후, 겉면이 안으로 가도록 가로로 반을 접어, 시접을 약 5mm 두고 쭉 박음질 합니다.

겸자를 사용해 뒤집습니다.

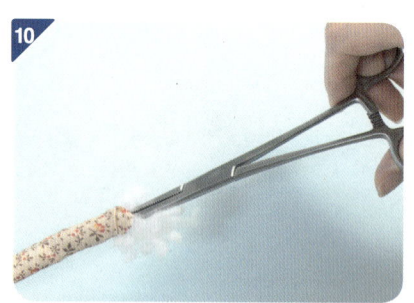

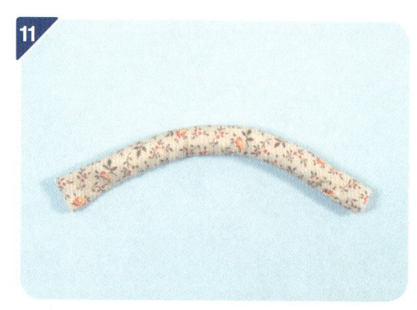

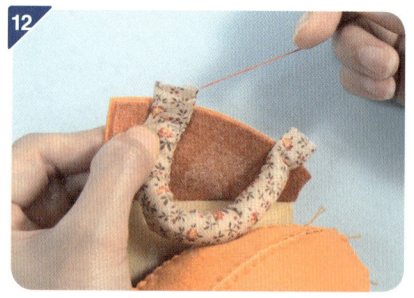

뒤집은 후 솜을 넣습니다.

솜을 넣은 모습입니다. 손잡이의 양끝에서 2cm 정도는 솜을 넣지 않습니다.

사진과 같이 완성된 손잡이를 잔 겉감 펠트 안쪽으로 손잡이 모양이 되도록 실로 한두 땀 고정합니다. 손잡이 위치는 겉감 펠트의 위아래 약 1.5cm 떨어진 곳입니다.

그 위에 다른 쪽 끝을 맞댑니다.

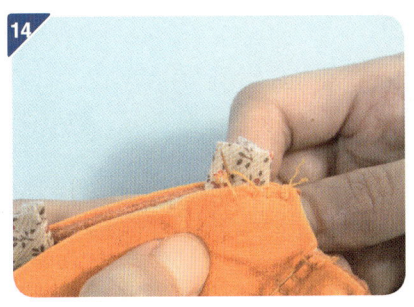

손잡이를 끼워박기 하며 버튼홀스티치
합니다.

손잡이를 임시로 고정했던 실은 제거합
니다.

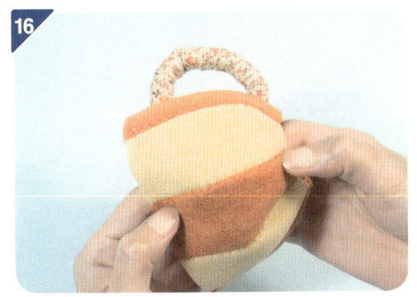

뒤집어서 버튼홀스티치 부분을 손으로
꾹꾹 눌러 잔 모양이 평평하게 나오도
록 만들어줍니다.

잔 완성하기 →

Tip. 버튼홀스티치를
다 한 후에는 공간이
좁고 길어 솜을 넣기
힘들어요!

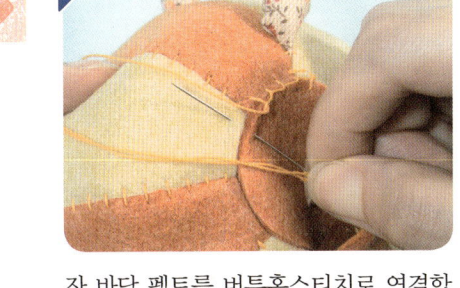

잔 바닥 펠트를 버튼홀스티치로 연결합
니다.

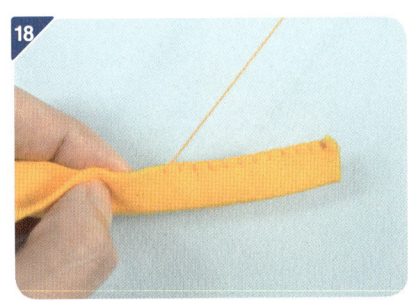

잔 받침 테두리를 가로로 반 접어 버튼
홀스티치 합니다.

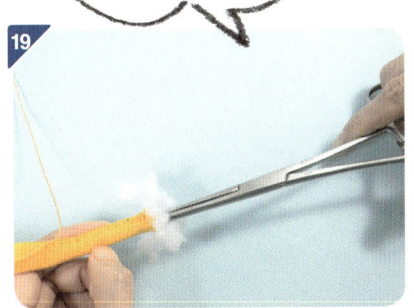

버튼홀스티치를 하는 중간중간 약 4cm
간격마다 솜을 넣습니다.

솜을 넣은 모습입니다. 양끝 약 1cm 정
도는 솜을 넣지 않습니다.

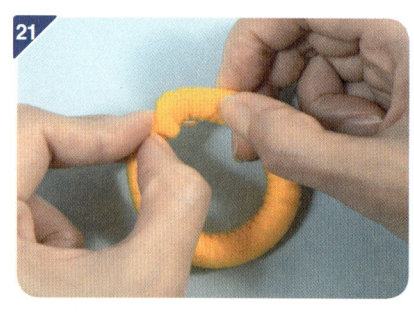

잔 바닥 둘레와 같은 크기로 동그랗게 말아서 한쪽 끝을 다른 쪽 끝 안쪽에 끼웁니다.

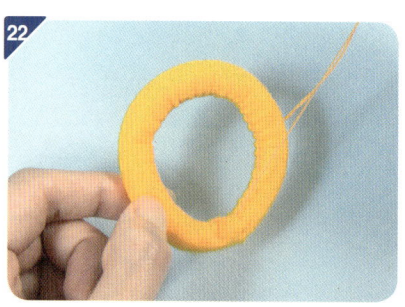

연결 부분을 버튼홀스티치로 고정합니다.

완성한 테두리를 잔 바닥에 대고 공그르기로 연결합니다.

잔 받침 테두리 연결이 완성된 모습입니다.

잔을 세우고 잔 위쪽 테두리 펠트를 잔 입구에 사진과 같이 반으로 접어 시침핀으로 고정해둡니다.

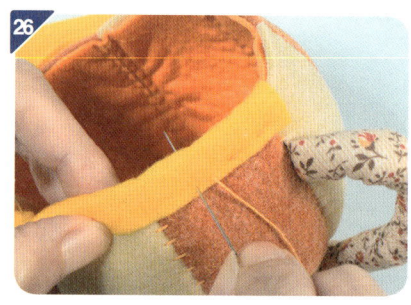

테두리 펠트 가장자리에서 약 2mm 안쪽을 따라 잔과 함께 러닝스티치로 쭉 고정합니다.

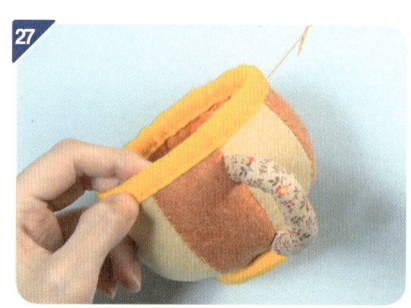

러닝스티치 후 안쪽에서 매듭짓습니다.

사진과 같이 잔에 표정을 만들어줍니다. 눈은 검정 시드 비즈, 입은 백스티치, 볼터치는 핑크색 펠트입니다.

표정 옆쪽에 기화성펜으로 'Sweet'를 쓴 후 컬러 시드 비즈로 꾸며줍니다.

영문 'LATTE'는 스틱 비즈로 꾸며줍니다.

잔이 완성되었습니다.

라떼 & 꽂이 만들어 완성하기 →

잔 안에 자투리 펠트 조각들을 넣어 평평하게 채웁니다.

잔 크기에 맞게 자른 스펀지를 그 위에 넣습니다. 스펀지 두께에 따라 안에 넣는 펠트 조각의 양을 조절합니다.

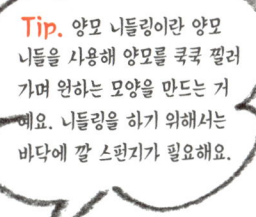

Tip. 양모 니들링이란 양모 니들을 사용해 양모를 쿡쿡 찔러 가며 원하는 모양을 만드는 거예요. 니들링을 하기 위해서는 바닥에 깔 스펀지가 필요해요.

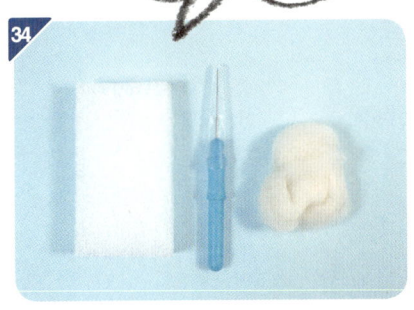

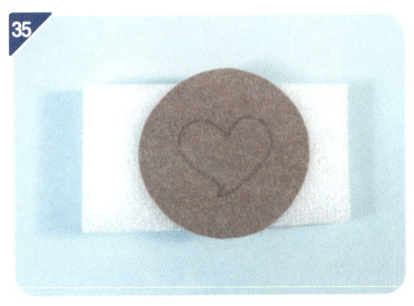

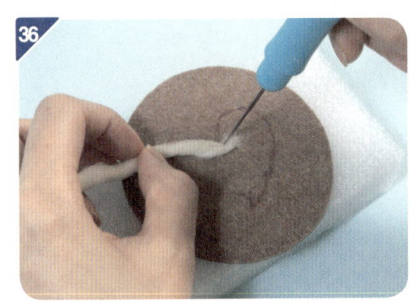

양모 니들링으로 커피와 거품을 표현해 보겠습니다. 스펀지와 양모 니들, 아이보리 양모를 준비합니다.

커피를 스펀지 위에 올려놓고 기화성펜으로 우유 거품 하트 도안을 가운데에 그립니다.

양모를 얇게 뜯어 하트 선을 따라 니들로 콕콕 찍어 박아줍니다.

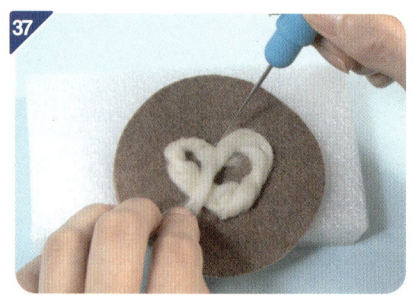

Tip. 니들링은 많이 할수록
표면이 깔끔해져요!

하트 안쪽도 같은 방법으로 채워줍니다.

어느 정도 하트가 만들어졌으면 하트
가장자리 선을 따라 니들로 다시 깊게
찔러 모양을 예쁘게 다듬습니다.

하트 중앙에 송곳으로 구멍을 뚫습니다.
꽂이용 와이어가 들어갈 자리입니다.

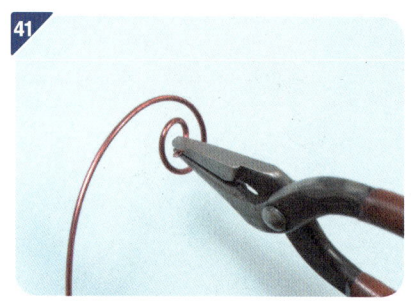

완성된 커피 펠트 뒷면에 글루건을 쏘아
잔 안 스펀지 위에 놓고 붙입니다.

꽂이용 컬러와이어를 9자 집게를 사용
해 달팽이 모양으로 구부립니다.

달팽이 모양 꽂이가 완성된 모습입니다.

Tip. 커피 부분은
핀꽂이, 와이어 부분은
사진이나 명함 꽂이로
사용하세요!

와이어를 하트 가운데 구멍에 꽂으면
스위트라떼 명함 & 사진 꽂이가 완성
입니다.

27 곰돌군
주차번호판 & 액자

바느질법 아플리케
백스티치
러닝스티치
버튼홀스티치
예상 제작 시간 약 3시간
완성 크기 약 19×14cm

준비물

펠트
- ☐ 2mm펠트(카키, 베이비블루, 멜란지그레이, 옐로우)
- ☐ 하드펠트(회색, 코발트블루, 빨강, 카키, 그린, 자주, 황토색, 노랑, 아이보리)
- ☐ 미끄럼방지(도트 레드)
- ☐ 접착펠트(고동색)

도구
- ☐ 바늘
- ☐ 실(노랑, 초록, 화이트, 빨강, 고동색, 검정, 하늘색)
- ☐ 기화성펜
- ☐ 가위
- ☐ 시침핀
- ☐ 오공본드

재료
- ☐ OHP필름
- ☐ 미니 단추
- ☐ 2.5cm 검정 단추
- ☐ 컬러 미니 단추
- ☐ 리본
- ☐ 군번 줄
- ☐ 큐방
- ☐ 빨강 시드 비즈

1 실물본을 참고하여 모든 펠트를 재단합니다.

2 카키 번호판 앞판에 흰색 창문 펠트를 올려놓고 아플리케 합니다.

3 곰돌군 얼굴 뒤에 귀를 끼워놓고 얼굴을 아플리케 합니다. 양쪽 귀는 아플리케 하지 않아도 됩니다.

4 곰돌군 얼굴 표정도 바느질합니다. 입주변 펠트는 러닝스티치로 고정하고, 표정은 백스티치로 표현합니다.

5 말풍선과 원하는 문구(본 작품에서는 '쏘리!')를 러닝스티치, 백스티치로 표현합니다.

6 곰돌군 양손을 아플리케 하고, 번호가 위치할 아랫부분에 컬러 미니 단추를 달아 번호 구역을 나눕니다. 뒤에 하드펠트 회색 뒤판을 대고 앞판의 가장자리 약 2mm 안쪽을 러닝스티치 해서 같이 고정합니다.

7 바퀴는 사진과 같이 둘레를 따라 러닝스티치 합니다.

앞판 바퀴 위치에 놓고 검정 단추와 함께 답니다.

번호판 앞판이 완성되었습니다(숫자는 나중에 접착펠트로 붙일 예정).

베이비블루 액자 앞판에 프레임 선을 따라 바깥쪽에 러닝스티치 합니다.

11 액자 왼편에 'Love U' 영문을 백스티치 합니다.

12 액자 오른편에 나무와 집 펠트들의 위치를 잡고 수놓을 선을 기화성펜으로 표시합니다.

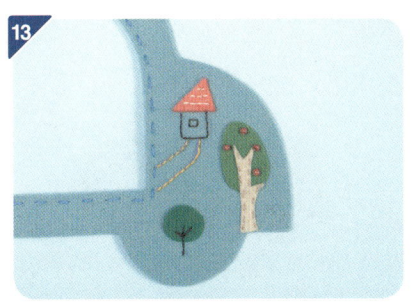

13 다양한 색상의 실로 러닝스티치 하고 열매도 빨강 시드 비즈로 표현합니다.

14 OHP필름을 프레임보다 조금 크게 자른후 뒷면에 오공본드로 붙입니다.

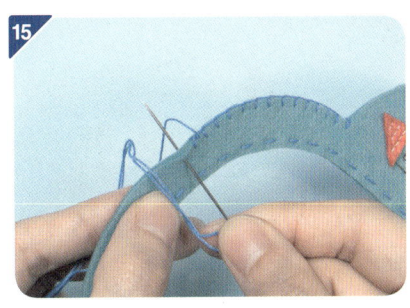

15 위쪽 둥근 부분은 사진을 넣는 입구가 되므로, 이 부분만 버튼홀스티치를 합니다.

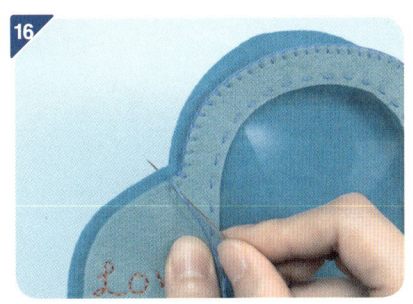

16 액자 뒤판인 코발트블루 펠트를 뒷면에 대고 2장을 아플리케로 연결합니다. 사진 넣는 입구 부분을 빼고 나머지 부분은 모두 뒤판과 아플리케로 연결합니다.

17 액자 앞판이 완성되었습니다.

18 완성한 번호판과 액자를 겹치기 전에, 사진과 같은 위치에 큐방을 끼울 리본 고리를 놓습니다.

Tip. 바늘땀이 앞면과 뒷면에서 모두 고르게 보이도록 스티치 하세요!

19 번호판과 액자를 겹쳐서 같이 러닝스티치 합니다. 각각의 앞판 펠트에서 2mm 바깥쪽을 따라 러닝스티치 해나가면 됩니다.

러닝스티치가 끝난 모습입니다.

고동색 접착펠트로 휴대폰 번호 숫자를
재단해 앞판 단추 사이에 나눠 붙입니다.

숫자를 모두 붙인 모습입니다.

큐방을 군번 줄에 끼웁니다.

그대로 리본 고리에 끼우면 곰돌군 주차
번호판 & 액자 완성입니다.

큐티 토야
토들러 슬리퍼

바느질법 러닝스티치
백스티치
버튼홀스티치
끼워박기
아플리케
예상 제작 시간 약 3시간 30분
완성 크기
슬리퍼 한쪽 약 8.5×18cm

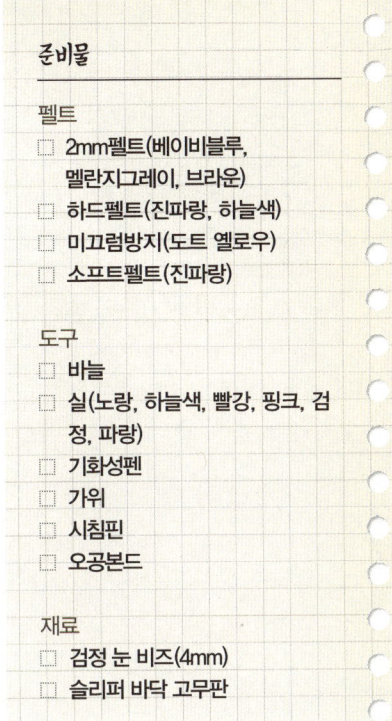

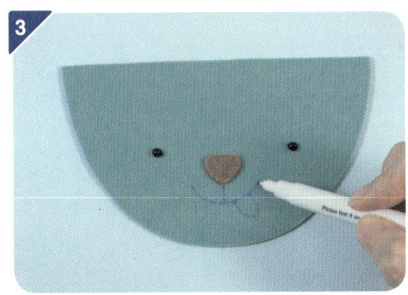

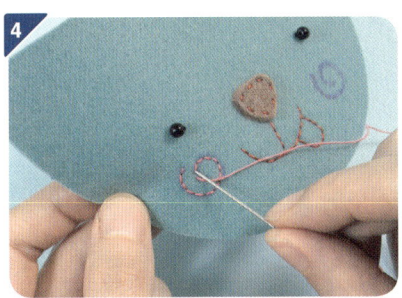

준비물

펠트
- ☐ 2mm펠트(베이비블루, 멜란지그레이, 브라운)
- ☐ 하드펠트(진파랑, 하늘색)
- ☐ 미끄럼방지(도트 옐로우)
- ☐ 소프트펠트(진파랑)

도구
- ☐ 바늘
- ☐ 실(노랑, 하늘색, 빨강, 핑크, 검정, 파랑)
- ☐ 기화성펜
- ☐ 가위
- ☐ 시침핀
- ☐ 오공본드

재료
- ☐ 검정 눈 비즈(4mm)
- ☐ 슬리퍼 바닥 고무판

1

실물본을 참고하여 모든 펠트를 재단합니다(사진은 슬리퍼 한쪽 분량만 재단한 모습).

2

발등 겉면에 실물본대로 눈 위치를 기화성펜으로 표시하고, 검정 눈 비즈를 답니다.

3

코를 제 위치에 놓고 기화성펜으로 입 모양을 그립니다.

4

코는 러닝스티치로, 입 모양은 백스티치로 표현하고, 볼터치는 달팽이 모양으로 백스티치 합니다.

5

발등 겉면 2장 모두 완성합니다. 입 모양은 서로 대칭으로 스티치 합니다.

6

겉귀 위에 속귀를 올려놓고 가장자리 안쪽으로 러닝스티치 해서 고정합니다.

7

겉귀 뒤에 겉귀 뒷면 펠트를 겹칩니다.

아랫변을 제외하고 나머지 가장자리를 버튼홀스티치로 연결합니다. 실을 강하게 잡아당기면서 버튼홀스티치를 하여 펠트가 자연스럽게 말린 모양이 되도록 합니다.

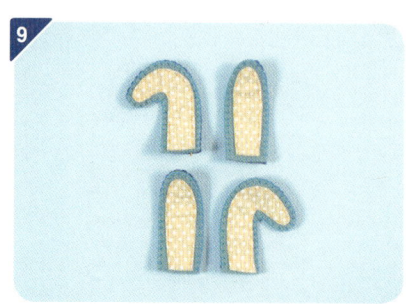

나머지 귀 한 쌍도 같은 방법으로 만듭니다. 이때 귀의 구부러진 방향은 서로 대칭이 되도록 합니다.

발등 겉면과 발등 안면 사이에 귀를 끼웁니다. 실물본의 귀 위치 표시를 참고합니다.

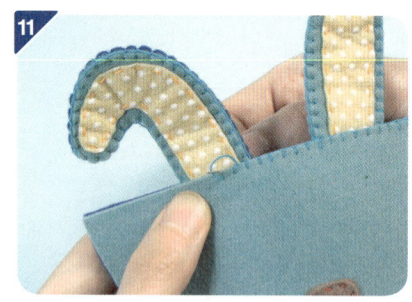

귀를 끼워박기 하며 발등 직선 부분만 버튼홀스티치 합니다.

다른 쪽 발등도 귀를 끼워놓고 버튼홀스티치 합니다.

바닥A 펠트 위에 파랑 토끼 얼굴 펠트를 각각 대칭으로 놓고 아플리케 합니다.

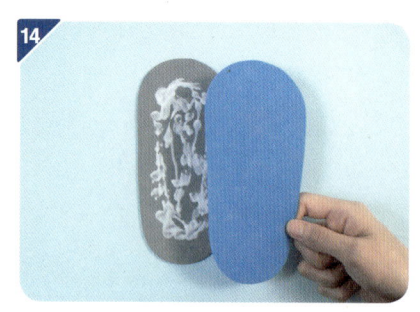

바닥 고무판과 바닥B 펠트는 중심에 오공본드를 발라 미리 붙여놓습니다.

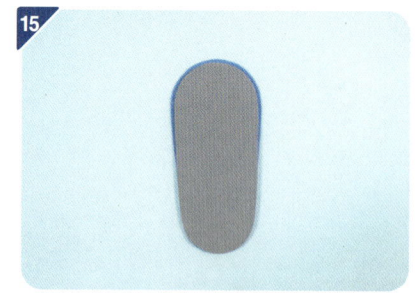

이때 바닥 고무판과 펠트는 발뒤꿈치 끝에 맞춰서 붙입니다. 슬리퍼 앞부분은 발등과 버튼홀스티치 할 자리가 필요합니다.

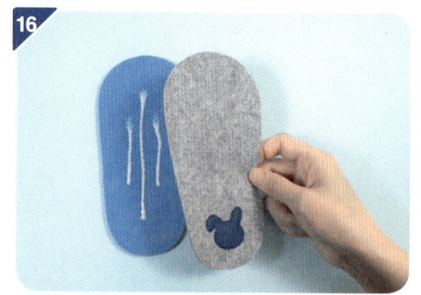

바닥B 펠트 위에 바닥A 펠트를 다시 올려놓고 중심 부분을 오공본드로 붙입니다.

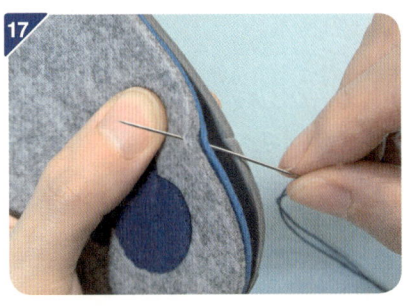

17

바닥 고무판과 바닥A, 바닥B를 같이 연결합니다. 첫 시작은 사진과 같이 펠트 안쪽에서 바늘을 넣어 매듭을 감추고 시작합니다.

18

바닥 고무판과 바닥A, 바닥B를 같이 러닝스티치 합니다.

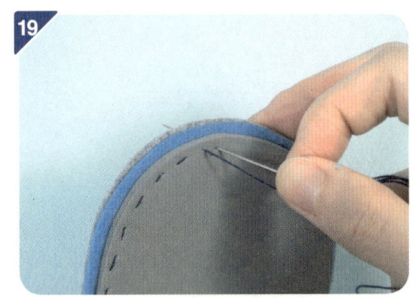

19

이때 바닥 고무판의 가장자리에서 약 3mm 안쪽을 따라 러닝스티치 합니다.

20

슬리퍼 바닥이 완성되었습니다. 다른 한쪽도 같은 방법으로 만듭니다.

21

바닥과 발등을 연결합니다. 서로 중심을 기화성펜으로 표시한 후 중심에서 틀어지지 않게 균형을 맞춥니다.

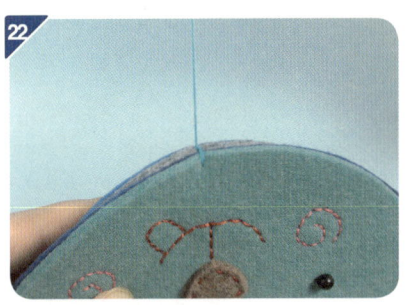

22

바닥과 발등 중심에서부터 버튼홀스티치를 시작합니다.

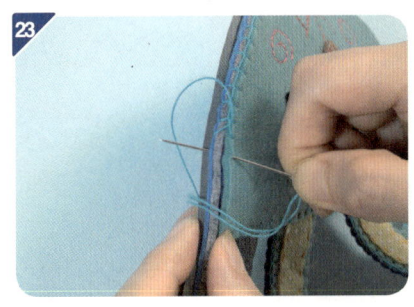

23

중심에서 한쪽 방향으로 버튼홀스티치 합니다. 이때 바닥은 고무판 재단면으로만 바느질 합니다.

24

반대 방향도 똑같이 중심에서부터 버튼홀스티치로 발등과 바닥을 연결합니다.

25

다른 쪽 슬리퍼도 같은 방법으로 연결합니다. 큐티 토야 토들러 슬리퍼가 완성되었습니다.

29 우븐 지그재그 펠트 바스켓

바느질법 러닝스티치
예상 제작 시간 약 1시간 30분
완성 크기 약 12×12×12cm

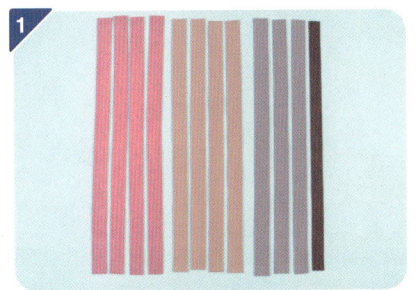

펠트를 50×2.5cm 크기로 핑크 4장, 베이비핑크 4장, 연보라 3장, 자주 1장을 자릅니다.

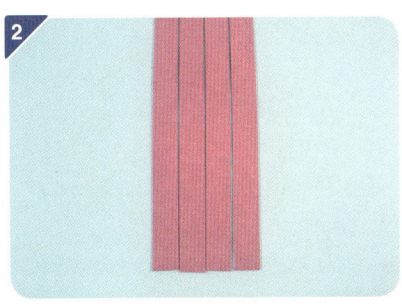

핑크 펠트 4장을 먼저 바닥에 나란히 놓습니다.

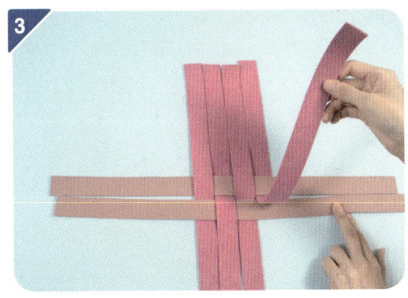

핑크 펠트에 가로로 베이비핑크 펠트 4장을 지그재그로 끼웁니다. 이때 펠트 사이에 틈이 없도록 꽉 끼웁니다.

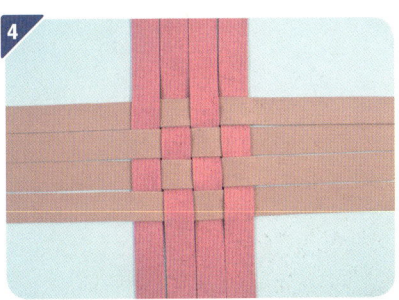

지그재그로 끼운 모습입니다. 이 부분이 바스켓의 바닥이 됩니다.

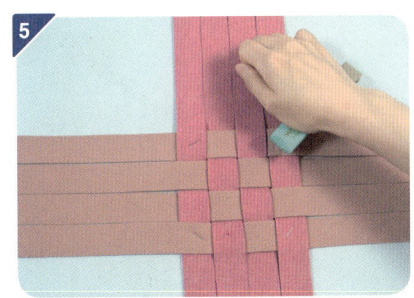

움직이지 않게 스테이플러로 임시고정합니다.

양옆으로 튀어나온 펠트를 90도로 올리고 연보라 펠트를 그 사이에 지그재그로 끼웁니다. 스테이플러로 고정하면서 끼웁니다.

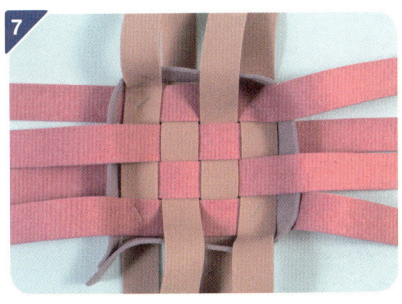

연보라 펠트 1장을 끼운 모습입니다. 남은 양쪽 끝은 우선 스테이플러로 임시고정합니다.

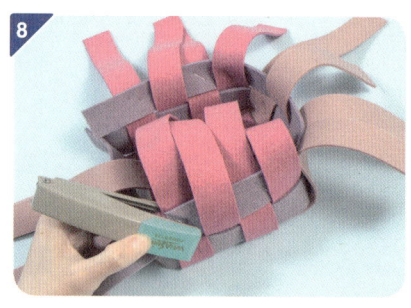

계속 지그재그로 연보라 펠트를 1장씩
끼웁니다.

연보라 펠트 3장을 끼운 후 자주 펠트 1장
을 같은 방법으로 끼우고 스테이플러로 고
정합니다.

자주 펠트까지 모두 끼운 모습입니다.

위로 튀어나온 펠트 끝 부분은 적당히
잘라내고 바구니 안으로 접어 펠트가
서로 교차되는 부분에 끼웁니다.

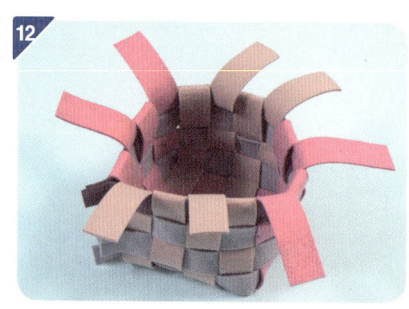

사진과 같이 하나 걸러 하나씩만 안으로
접어 넣습니다.

옆면의 끝자락도 같은 방법으로 펠트가
교차되는 부분에 끼워넣습니다.

벌어지지 않도록 스테이플러로 고정합
니다.

튀어나온 부분은 가장자리 끝에 맞춰
가위로 잘라냅니다.

위로 튀어나온 부분도 가장자리 끝에
맞춰 깔끔히 자릅니다.

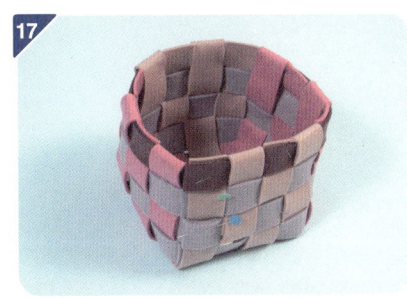

바스켓 형태가 잡힌 모습입니다.

모서리 끝에 겹쳐 있는 펠트 끝자락을 따라 러닝스티치로 고정합니다.

이어서 위쪽 가장자리도 러닝스티치로 고정합니다.

러닝스티치 연결이 끝난 모습입니다.

임시고정으로 쓰인 스테이플러 심은 제거합니다.

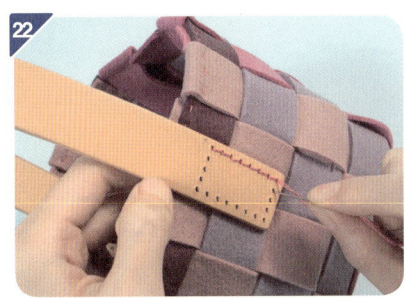

가죽 가방 끈을 제 위치에 놓고 박음질로 튼튼히 연결합니다.

우븐 지그재그 펠트 바스켓이 완성되었습니다.

30 우븐 지그재그
펠트 티코스터

바느질법 러닝스티치
예상 제작 시간 약 20분
완성 크기 약 10×10cm

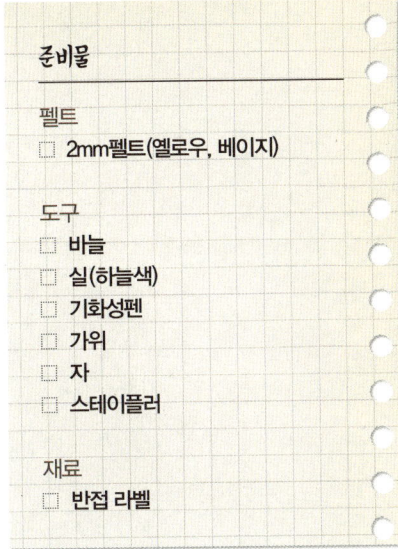

1 펠트를 12×2cm 크기로 옐로우 5장, 베이지 5장을 자릅니다.

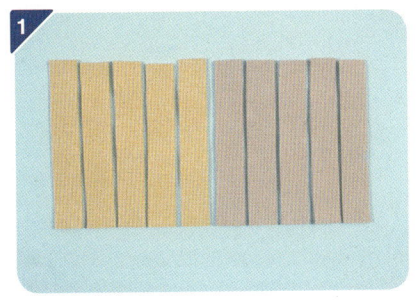

2 옐로우 펠트 5장을 나란히 놓은 후 베이지 펠트 1장을 지그재그로 끼우고 스테이플러로 고정합니다.

3 베이지 펠트 3장을 같은 방법으로 끼웁니다. 이때 펠트 사이에 틈이 없도록 꽉 끼우고, 중간중간 스테이플러로 임시고정합니다.

4 겹쳐진 펠트 2장 사이에 반접 라벨을 끼우고 가장자리 안쪽을 따라 러닝스티치로 고정합니다.

5 러닝스티치 연결이 끝난 모습입니다.

6 바깥으로 튀어나온 부분은 가장자리 선에 맞춰 잘라냅니다.

7 우븐 지그재그 펠트 티코스터가 완성되었습니다.

PART 6
~~~
Doll&
Season Item

31 산타할아버지 브로치

바느질법 러닝스티치
아플리케
백스티치
예상 제작 시간 약 1시간 30분
완성 크기 약 5.5×7.5cm

준비물

펠트
- ☐ 2mm펠트(멜란지그레이, 자주, 아이보리, 그린, 레드)
- ☐ 하드펠트(주황)

원단
- ☐ 화이트 덤블링

도구
- ☐ 바늘
- ☐ 실(아이보리, 빨강, 흰색, 노랑, 초록)
- ☐ 기화성펜
- ☐ 가위
- ☐ 겸자

재료
- ☐ 솜
- ☐ 검정 시드 비즈
- ☐ 브로치 핀

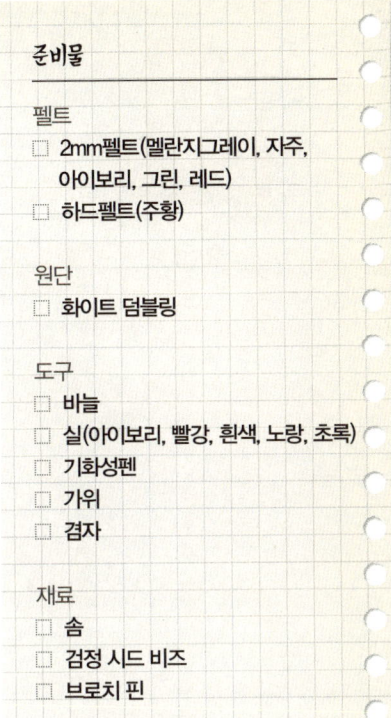

실물본을 참고하여 펠트를 재단합니다.

자주 산타 뒷면, 아이보리 산타 몸통, 레드 모자와 망토 순으로 겹쳐서 사진과 같이 레드 펠트만 먼저 아플리케 합니다.

화이트 덤블링 원단을 모자 띠와 수염 위치에 올려놓고 아플리케 합니다.

눈은 검정 시드 비즈로 달고, 입 모양은 백스티치 합니다.

팔 부분은 기화성펜으로 먼저 표시하고, 표시 선을 따라 백스티치 합니다. 주황 선물 상자 펠트는 십자 바늘땀으로 고정합니다.

선물 상자 위에 장갑과 산타 몸통 아이보리 부분을 아플리케 하면 산타 앞면 완성입니다.

산타 뒷면 펠트에 브로치 핀을 붙여놓습니다.

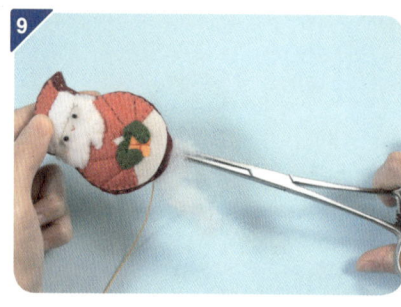

산타 뒷면과 앞면을 사진과 같이 겹쳐 가장자리를 따라 러닝스티치로 고정합니다. 러닝스티치는 산타 몸통 아랫부분부터 시작합니다.

약 2cm 정도 창구멍을 남기고 솜을 적당량 넣은 후 러닝스티치로 마무리합니다.

산타할아버지 브로치가 완성되었습니다.

32 크리스마스 트리

바느질법 아플리케
크로스스티치
버튼홀스티치
러닝스티치
예상 제작 시간 약 4시간
완성 크기 약 23×36cm

micasa

펠트
☐ 2mm펠트(레드, 아이보리, 주황,
    핑크, 그린, 브라운)

도구
☐ 바늘
☐ 실(하늘색, 핑크, 노랑, 그린, 빨강,
    갈색)
☐ 기화성펜
☐ 가위
☐ 겸자
☐ 글루건
☐ 오공본드
☐ 송곳

재료
☐ 솜
☐ 박스테이프 심지
☐ 하드보드지
☐ 나무젓가락
☐ 실버 구슬 끈
☐ 골드 스팽글 줄
☐ 각종 장식 재료(컬러 비즈 단추,
    시드 비즈, 폼폼, 리본, 싸개단추,
    라벨 등)

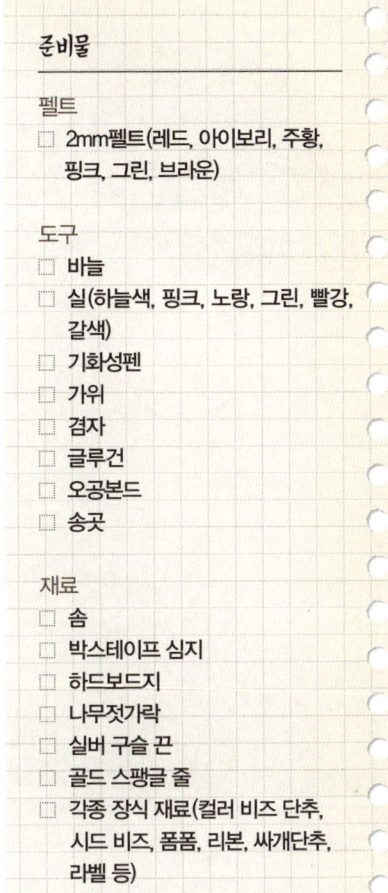

실물본을 참고하여 펠트와 재료를 재단합
니다.

트리 앞판 펠트 위에 사진과 같이 4조각
의 펠트를 제 위치에 올려놓고 오공본
드로 임시고정합니다.

4조각의 펠트 가장자리 선을 따라 아플
리케로 고정합니다.

Tip. 이때 실은 튀는 색상을
사용하면 더 예뻐요!

레드와 아이보리 펠트 사이에 사진과 같
이 실버 구슬 끈을 올려놓고 구슬 홈 사
이를 아플리케로 고정합니다.

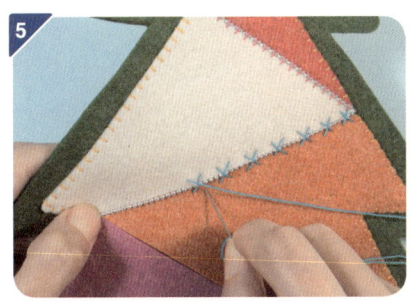

아이보리와 주황 사이에도 실버 구슬 끈
을 올려놓고 이번에는 크로스스티치로
고정합니다.

주황과 핑크 사이도 같은 방법으로 크로
스스티치 합니다.

단추, 폼폼, 리본 등 각종 장식 재료를 달
아 꾸며줍니다.

트리의 앞판이 완성되었습니다.

받침 옆면 펠트를 세로로 반 접어 사진과 같이 매듭을 겉에 둔 채 버튼홀스티치 합니다.

뒤집습니다.

박스테이프 심지를 펠트 속에 넣습니다.

심지 위에 받침 밑면 하드보드지를 올려놓습니다.

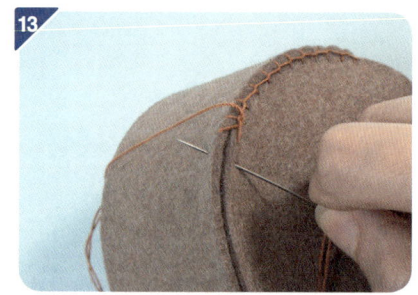

그 위에 받침 밑면 펠트를 얹고 버튼홀스티치로 옆면과 밑면을 연결합니다.

받침 윗면 하드보드지와 펠트를 겹쳐 잡습니다.

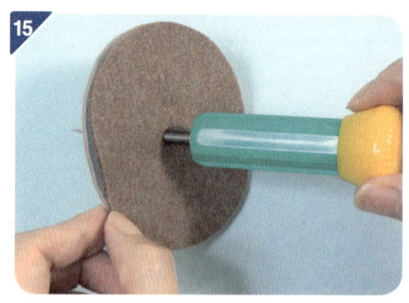

정중앙을 표시한 후 송곳으로 구멍을 냅니다.

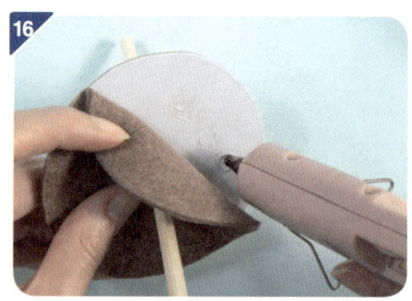

구멍으로 나무젓가락 한쪽을 넣고 하드보드지와 펠트를 글루건으로 붙입니다.

앞서 만들어놓은 받침을 놓고 중심에 글루건을 듬뿍 쏘아줍니다.

나무젓가락을 꽂은 윗면을 받침 안에 넣습니다. 나무젓가락이 받침 안쪽 글루에 붙도록 넣습니다.

옆면과 윗면 펠트를 버튼홀스티치로 연결합니다.

나무젓가락 한쪽 면에 글루건을 쏘아 트리 뒤판에 붙입니다.

그 위에 트리 앞판을 올려놓고 사진과 같이 나무젓가락 옆에서부터 가장자리 2mm 안쪽을 따라 러닝스티치로 앞판과 뒤판을 연결합니다.

러닝스티치를 하면서 중간중간 솜을 넣어줍니다. 러닝스티치와 솜 넣기를 번갈아가며 끝까지 마무리합니다.

트리 꼭대기에 빨강 폼폼을 달아 포인트를 줍니다.

트리에 골드 스팽글 줄을 휘감아 장식합니다.

크리스마스 트리가 완성되었습니다.

스노우맨
크리스마스 양말

바느질법 버튼홀스티치
아플리케
아플리케2
끼워박기
러닝스티치
백스티치
예상 제작 시간 약 3시간
완성 크기 약 28×30cm

준비물

펠트
☐ 2mm펠트(레드, 아이보리, 주황,
　 핑크, 그린, 브라운, 블루, 옐로우)
☐ 하드펠트(화이트, 레드, 카키, 노랑,
　 아이보리, 그레이, 갈색, 코발트블루)
☐ 미끄럼방지펠트(도트 레드)

원단
☐ 레드 & 블랙 스트라이프 폴라폴리스

도구
☐ 바늘
☐ 실(하늘색, 핑크, 노랑, 그린, 빨강,
　 갈색, 검정)
☐ 기화성펜
☐ 가위
☐ 오공본드

재료
☐ 레드 체크 리본
☐ 눈 비즈

실물본을 참고하여 펠트와 원단을 재단합니다.

앞코 펠트를 양말 앞판 펠트 위에 올려놓고 아플리케2의 방법으로 고정합니다.

앞코가 고정된 모습입니다.

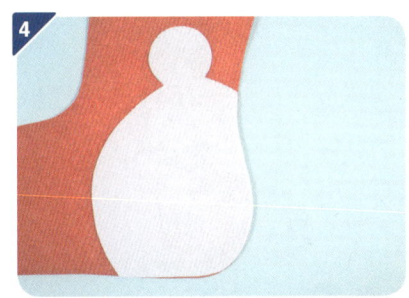

양말 앞판 뒤꿈치에 맞춰 눈사람 펠트를 올려놓고 아플리케 합니다. 아플리케 전에 오공본드를 중간중간 발라서 임시고정하면 좋습니다.

영문 'Happy'를 각각 아플리케로 고정합니다. 이때 영문 'a'와 'p'는 안쪽 구멍을 재단하지 않았기 때문에 사진과 같이 우물 정(井) 모양으로 스티치 해서 구멍을 표현합니다.

영문을 모두 고정한 모습입니다.

눈사람 모자와 코를 제 위치에 올려놓고 아플리케로 고정합니다.

눈과 입 모양을 기화성펜으로 먼저 그
려줍니다.

눈은 검정 비즈로, 입 모양은 백스티치
합니다. 목도리도 사진과 같이 겹쳐서
러닝스티치로 달아줍니다.

눈사람 몸통 부분에 나뭇가지, 나뭇잎,
하트, 교회를 러닝스티치와 아플리케로
각각 고정합니다.

완성된 양말 앞판 뒤에 양말 뒤판 펠트
를 대고 입구를 제외한 나머지 가장자
리를 버튼홀스티치로 연결합니다.

양말 위쪽 원단 2장을 사다리꼴 모양으
로 겹쳐놓고 왼쪽 변과 오른쪽 변을 버
튼홀스티치로 연결합니다.

양말 입구 부분에 잘 맞춰 씌웁니다.

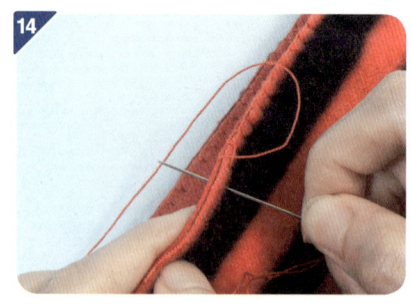

입구 둘레를 따라 펠트와 원단을 겹친
채로 버튼홀스티치로 연결합니다.

버튼홀스티치를 하다가 양말 오른쪽
모서리 부분에서 레드 스트라이프 리
본을 길게 접어 고리를 만들어 끼워박
기 하고 마무리합니다.

스노우맨 크리스마스 양말이 완성되었
습니다.

34 주근깨소녀 쭈기
방문인형

바느질법 버튼홀스티치
아플리케
크로스스티치
러닝스티치
프렌치너트스티치
예상 제작 시간 약 4시간
완성 크기 약 11×32cm

준비물

펠트
- ☐ 2mm펠트(레드, 옐로우, 카키, 그린, 브라운, 주황)
- ☐ 하드펠트(흰색, 검정, 살구색, 노랑, 아이보리, 자주, 주황)

도구
- ☐ 바늘
- ☐ 실(검정, 살구색, 아이보리, 노랑, 그린, 빨강, 갈색)
- ☐ 기화성펜
- ☐ 가위
- ☐ 오공본드
- ☐ 겸자
- ☐ 솜
- ☐ 흰색 아크릴물감
- ☐ 이쑤시개

재료
- ☐ 나비 스팽글
- ☐ 컬러 시드 비즈
- ☐ 진주 비즈
- ☐ 레이스 토숀

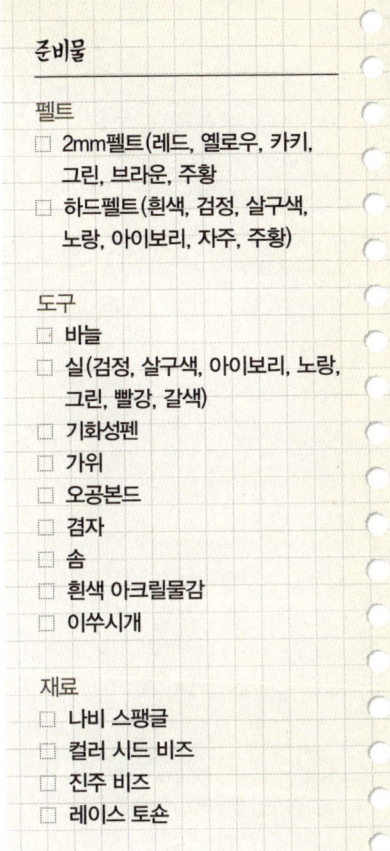

1 실물본을 참고하여 모든 펠트를 재단합니다.

2 얼굴 바탕 펠트에 얼굴과 앞머리 펠트를 사진과 같이 올려놓고 겹쳐지는 부분을 각각 아플리케 합니다.

3 실물본대로 얼굴 표정을 기화성펜으로 그려놓은 후, 먼저 눈 펠트를 올려놓고 검정 실로 아플리케 합니다.

4 눈동자 펠트는 오공본드로 붙입니다.

5 입 모양과 눈썹은 백스티치로, 주근깨는 프렌치너트스티치로 표현합니다.

6 앞머리 한쪽에 나비 스팽글을 시드 비즈를 이용해서 달아줍니다.

7 원피스 펠트 위에 완성된 얼굴을 사진과 같이 뒤집어서 올려놓고 맞물리는 선을 매듭을 겉에 둔 채 버튼홀스티치 합니다.

버튼홀스티치 후 뒤집은 모습입니다.

원피스 펠트 위에 앞치마를 올려놓고 가장자리 선을 따라 아플리케 합니다.

앞치마 위쪽에 사진과 같이 크로스스티치를 합니다.

주머니 펠트에 꽃 펠트와 진주 비즈를 단 후, 앞치마 왼편에 러닝스티치로 고정합니다.

앞치마 아래쪽에 레이스 토숀을 올려놓고 색색의 컬러 시드 비즈를 달아 고정합니다.

가슴 쪽에 브로치용 나뭇잎과 동그라미 펠트를 사진과 같이 겹쳐 바느질로 고정합니다.

눈동자에 흰색 아크릴물감을 이쑤시개 등 뾰족한 물건을 이용해서 찍어줍니다.

얼굴과 몸통이 완성되었습니다.

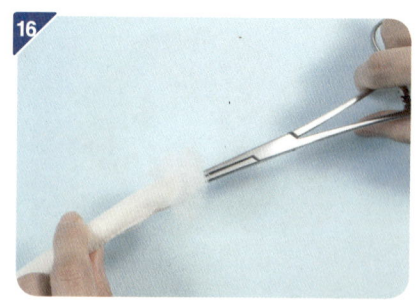

팔 펠트를 가로로 접어 사진과 같이 버튼홀스티치해서 솜 넣고 마무리합니다.

완성된 팔 한쪽 끝에 소매 펠트를 사진과 같이 감싸고 버튼홀스티치로 고정합니다.

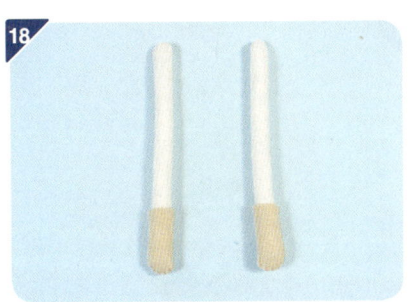

같은 방법으로 다른 쪽 팔도 완성합니다.

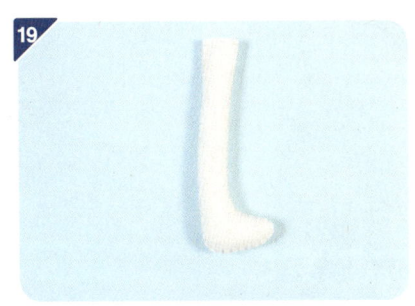

다리 펠트는 2장씩 겹쳐 사진과 같이 버튼홀스티치하고 솜을 넣습니다. 이때 발 입구 부분은 솜을 조금만 넣고 버튼홀스티치 하지 않습니다.

팔과 같은 방법으로 발에도 신발 2장을 씌우고 버튼홀스티치 합니다.

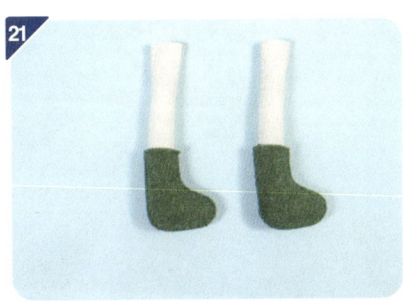

같은 방법으로 다른 쪽 다리도 완성합니다.

몸통 뒤판과 완성된 앞판을 겹치고 사진과 같은 위치에서부터 버튼홀스티치를 시작합니다.

원피스 아랫자락 부분에서는 다리를 끼워박기 하며 버튼홀스티치 합니다.

우선 원피스 부분까지만 버튼홀스티치를 하고 1차로 솜을 넣어줍니다.

다시 얼굴 부분까지 버튼홀스티치 한 후 2차로 솜을 넣습니다.

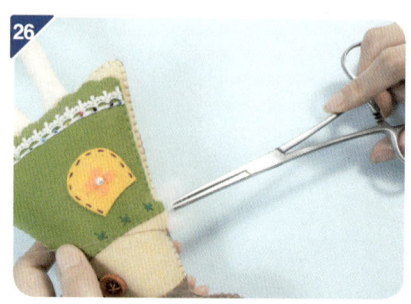

나머지 부분도 버튼홀스티치 한 후 솜을 꼼꼼히 넣어줍니다.

버튼홀스티치 연결과 솜 넣기가 끝난 모습입니다.

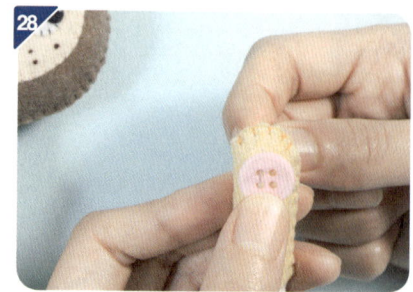

팔의 소매 끝 부분에 먼저 단추를 살짝 달아줍니다.

사진과 같이 단추 바깥쪽에서 바늘을 넣어 반대편 팔 위치로 빼냅니다.

반대편에도 팔과 단추를 연결하고 다시 처음 시작한 위치로 바늘을 빼냅니다.

왔다갔다 몇 번 반복하며 팔을 튼튼히 달아줍니다.

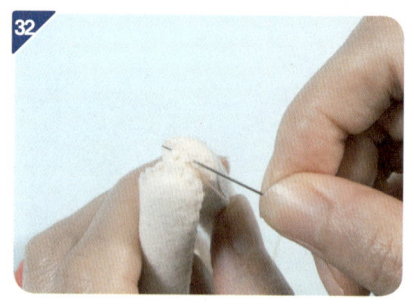

팔을 만세 하듯 올린 후 손끝을 사진과 같이 서로 바느질하여 연결합니다.

소녀 목에는 리본을 둘러 묶어주면 주근깨소녀 쭈기 방문인형 완성입니다.

Tip. 방문이나 벽에 걸어두면 예쁜 장식 소품이 돼요!

바느질법 **러닝스티치**
예상 제작 시간 **약 2시간**
완성 크기
바구니 크기 약 12×22cm

THANK YOU

1
le beau

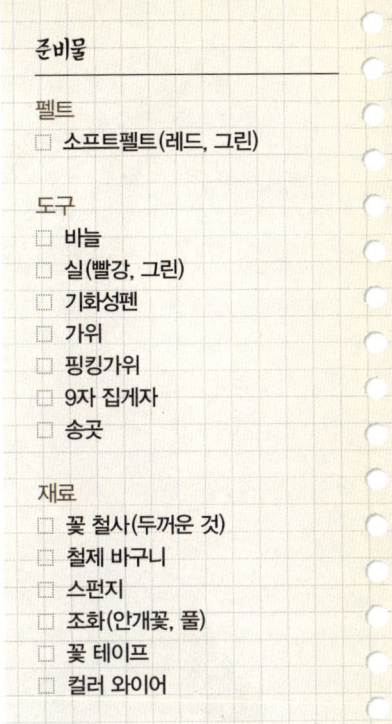

준비물

펠트
☐ 소프트펠트(레드, 그린)

도구
☐ 바늘
☐ 실(빨강, 그린)
☐ 기화성펜
☐ 가위
☐ 핑킹가위
☐ 9자 집게자
☐ 송곳

재료
☐ 꽃 철사(두꺼운 것)
☐ 철제 바구니
☐ 스펀지
☐ 조화(안개꽃, 풀)
☐ 꽃 테이프
☐ 컬러 와이어

1

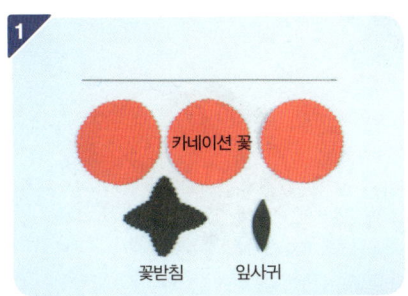

카네이션 꽃

꽃받침   잎사귀

실물본을 참고하여 펠트를 재단합니다(카네이션 한 송이 분량). 이때 꽃 펠트는 핑킹가위로 자릅니다.

2

꽃 펠트 3장을 겹쳐 가장자리에서 약 2~2.5cm 안쪽으로 둥글게 러닝스티치 합니다.

3

러닝스티치 후 실을 끊지 않고 그대로 쭉 잡아당겨 주름을 만듭니다.

4

사진과 같이 끝까지 오므린 후 매듭을 만들어 고정합니다.

5

카네이션 꽃이 완성되었습니다.

6

꽃받침 펠트도 사진과 같이 둥글게 러닝스티치 합니다.

7

카네이션 꽃을 그 위에 올려놓고 실을 잡아당겨 꽃받침이 꽃을 감싸도록 모양을 잡습니다.

꽃과 꽃받침을 같이 꿰맨 후 매듭 지어
마무리합니다.

카네이션 꽃송이가 완성되었습니다.

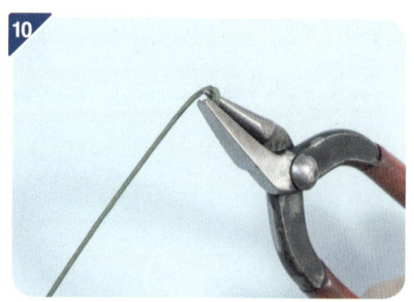

9자 집게로 꽃 철사 끝을 동글게 말아
줍니다.

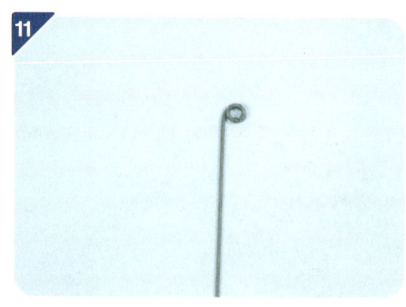

꽃 철사가 둥글게 말린 모습입니다.

송곳으로 꽃 철사를 끼울 구멍을 만듭
니다.

사진과 같이 꽃 철사를 끼웁니다.

꽃 테이프를 꽃받침 밑에 여러 번 감아
꽃송이와 철사를 고정합니다.

잎사귀 펠트 끝에 글루건을 쏩니다.

그대로 꽃 철사에 말아서 붙이면 카네
이션 한 송이가 완성됩니다.

220

다양한 색상의 펠트로 카네이션을 여러 송이 만듭니다. 송이 수는 바구니 크기에 따라 조절합니다.

철제 바구니 안에 스펀지를 크기에 맞게 잘라 넣습니다.

카네이션을 한 송이씩 모양을 잡아가며 꽃꽂이 하듯 꽂습니다.

카네이션과 어울리는 조화와 와이어를 둥글게 말아 같이 꽂아주면 이지 카네이션 바구니 완성입니다.

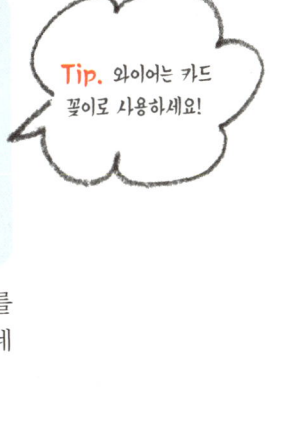

Tip. 와이어는 카드 꽂이로 사용하세요!

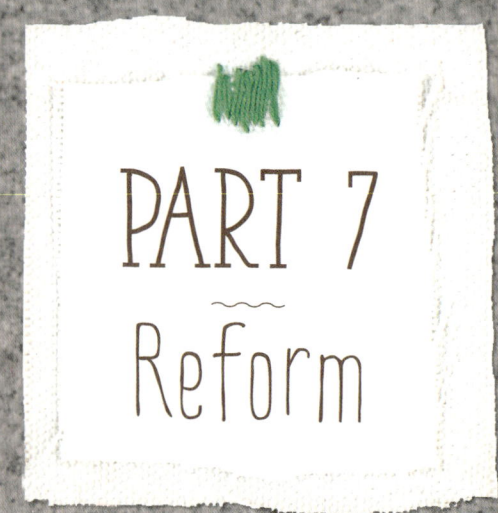

PART 7
Reform

36 병뚜껑 반지
핀쿠션

바느질법 러닝스티치
　　　　　　버튼홀스티치
예상 제작 시간 약 30분
완성 크기 약 4×4cm

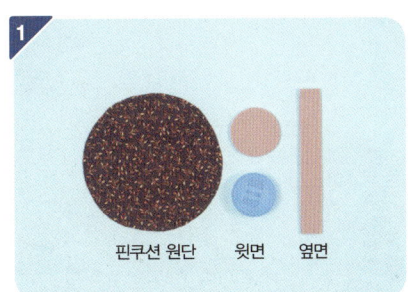

1 실물본을 참고하여 펠트와 원단을 재단합니다.

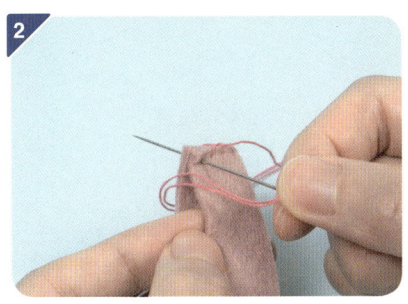

2 병뚜껑 옆면 펠트의 양끝을 모아서 버튼홀스티치 합니다.

3 버튼홀스티치 부분을 손끝으로 눌러 펴줍니다.

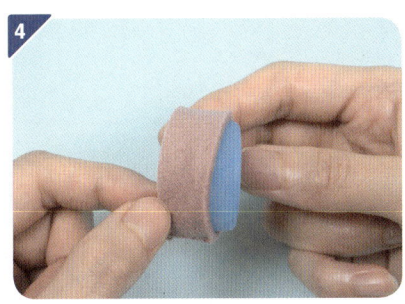

4 그대로 병뚜껑에 씌웁니다.

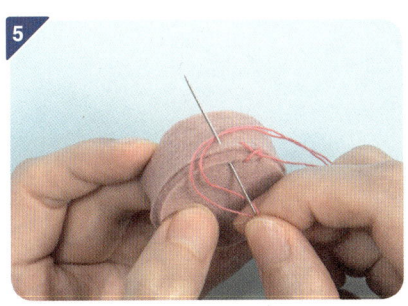

5 병뚜껑 윗면 펠트를 올려놓고 버튼홀스티치로 옆면과 연결합니다.

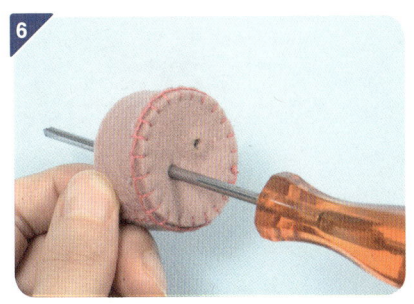

6 송곳으로 고무줄이 들어갈 구멍을 뚫습니다.

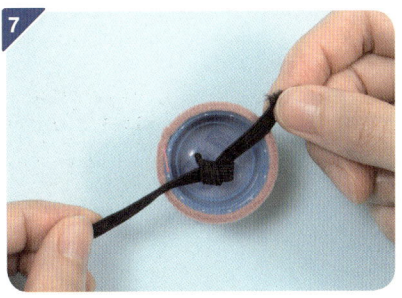

7 구멍으로 고무줄을 넣고 안쪽에서 매듭을 짓습니다. 이때 뚜껑 바깥쪽에 손가락 하나가 들어갈 만큼 공간을 남깁니다.

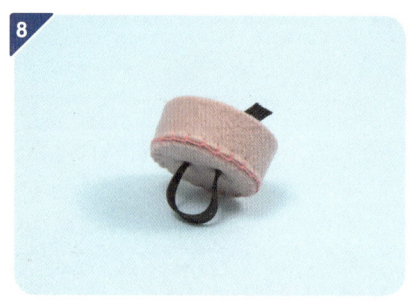

병뚜껑 반지 부분이 완성되었습니다.

실물본대로 동그랗게 재단한 핀쿠션 원단 가장자리를 따라 홈질합니다.

홈질 후 실을 쭉 잡아당겨 오므리고 솜을 적당량 넣습니다.

바늘을 지그재그로 여러 번 꿰매어 솜을 넣은 부분을 오므립니다.

병뚜껑 속에 글루건을 쏜 후 완성된 핀쿠션을 그대로 얹어 붙입니다.

반지 아랫부분에 레이스 토숀을 글루건으로 붙입니다.

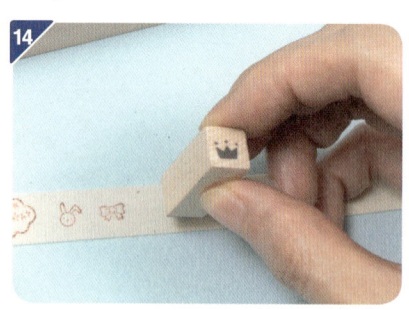

무지 면 라벨에 스탬프를 찍어 모양을 냅니다. 패브릭잉크를 사용합니다.

패브릭펜으로 스티치 선 모양을 그려 나만의 라벨을 만듭니다.

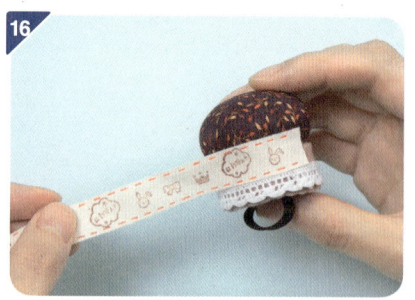

완성된 면 라벨을 토숀 위쪽으로 붙입니다.

병뚜껑 반지 핀쿠션이 완성되었습니다.
반지처럼 손가락에 끼워서 사용합니다.

37 시계 무브먼트
초단간 벽시계

바느질법 버튼홀스티치
예상 제작 시간 약 20분
완성 크기
숫자 포함 약 17×17cm

준비물

펠트
- [ ] 2mm펠트 (레드, 옐로우)

도구
- [ ] 바늘
- [ ] 실(옐로우)
- [ ] 기화성펜
- [ ] 가위
- [ ] 자
- [ ] 오공본드
- [ ] 겸자
- [ ] 양면테이프

재료
- [ ] 시계 무브먼트
- [ ] 시계 부속품(볼트, 바늘)
- [ ] 나비 비즈 단추

Tip. 시계 무브먼트는 싫증난 벽시계에서 분리해서 사용하면 좋아요!

1 실물본을 참고하여 무브먼트 앞면과 옆면 펠트를 재단합니다.

2 숫자는 1, 2, 3, 6, 9만 재단하여 사용하는 것이 깔끔합니다.

3 무브먼트 옆면 펠트의 양끝을 모아서 버튼홀스티치 합니다.

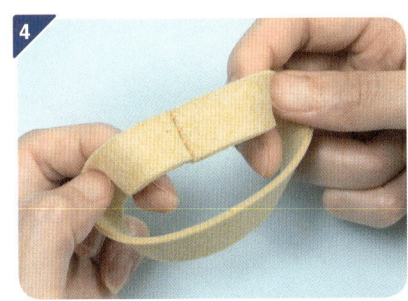

4 뒤집어서 버튼홀스티치 부분을 손끝으로 평평하게 눌러줍니다.

5 무브먼트 옆면에 씌웁니다.

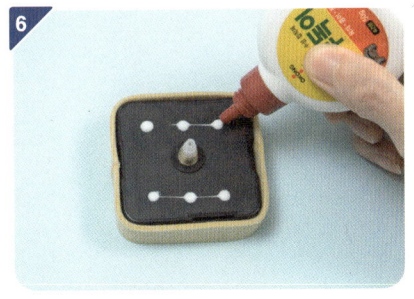

6 무브먼트 앞면에 오공본드를 바른 후 앞면 펠트를 임시로 붙입니다.

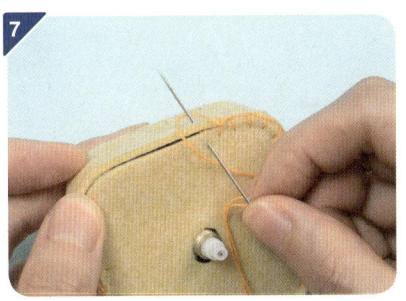

7 앞면과 옆면을 버튼홀스티치로 연결합니다.

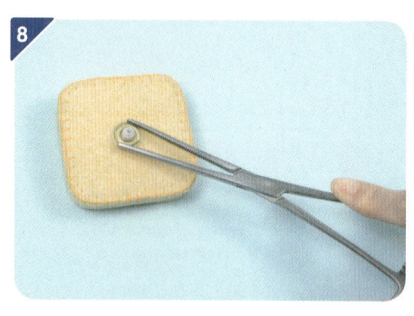

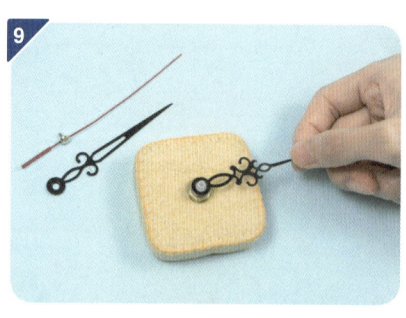

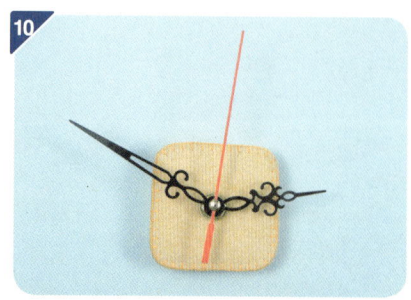

무브먼트와 펠트가 잘 고정되도록 연결 볼트를 돌려 끼웁니다. 볼트가 얇아 손으로 돌리기 어려울 경우 겸자를 사용하면 편합니다.

준비된 시계 바늘 중 시침을 먼저 끝까지 꽂습니다.

이어서 분침, 시침의 순서로 꽂습니다.

Tip. 숫자를 나비 비즈 단추 등으로 꾸며보세요!

숫자 뒤에 양면테이프를 붙입니다.

무브먼트 뒤에 붙이는 양면테이프는 폭이 넓은 것이 좋습니다.

원하는 벽 위치에 그대로 붙여주면 시계 무브먼트 초간단 벽시계가 완성입니다.

230

바느질법 러닝스티치
백스티치
크로스스티치
예상 제작 시간 약 2시간
완성 크기 약 21×27cm

준비물

펠트
- ☐ 2mm펠트(베이지, 그린, 카키, 베이비블루, 핑크, 자주, 옐로우)
- ☐ 하드펠트(고동색, 갈색, 자주, 노랑, 핑크, 연두, 진하늘)
- ☐ 패턴펠트(다른 패턴으로 3종)

원단
- ☐ 자투리 조각 천

도구
- ☐ 바늘
- ☐ 실(갈색, 고동색, 노랑, 핑크, 아이보리, 빨강, 녹색)
- ☐ 기화성펜
- ☐ 가위
- ☐ 자
- ☐ 오공본드
- ☐ 글루건
- ☐ 딱풀

재료
- ☐ 액자
- ☐ 우드락
- ☐ 굵은 마끈
- ☐ 나무 집게
- ☐ 나무 단추
- ☐ 컬러 시드 비즈
- ☐ 압정
- ☐ 데코 비즈
- ☐ 왁스 끈
- ☐ 양면테이프

실물본을 참고하여 펠트를 재단합니다.

우드락은 준비한 액자 유리 크기에 맞춰 재단합니다.

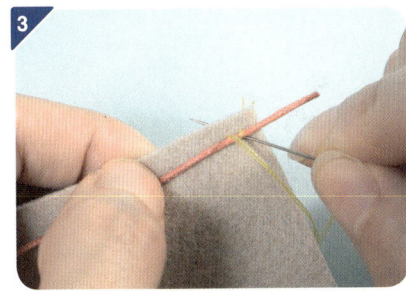

앞판 펠트 위쪽에 왁스 끈을 가로 길이에 맞춰 자르고 양쪽을 크로스스티치 한 땀으로 고정합니다.

왁스 끈 양쪽을 고정한 모습입니다.

패턴펠트 3종을 각각 2개씩 가랜드 모양으로 잘라서 왁스 끈 밑에 러닝스티치로 고정합니다.

나뭇가지, 나뭇잎, 부엉이를 제 위치에 올려놓고 러닝스티치나 아플리케로 고정합니다.

부엉이 위에 나무 단추, 컬러 시드 비즈를 달아서 꾸며줍니다. 부리 펠트는 가운데만 백스티치 해서 고정합니다.

오른쪽 아래에 나무 밑동 펠트를 러닝스티치나 아플리케로 고정하고, 나이테는 백스티치로 표현합니다.

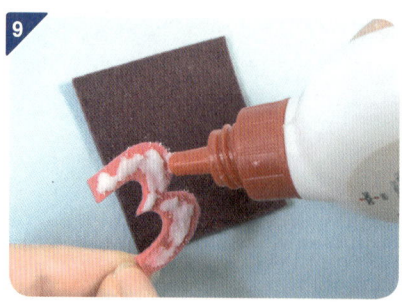

영문 'memo' 펠트를 각각 자주 펠트에 오공본드로 붙입니다.

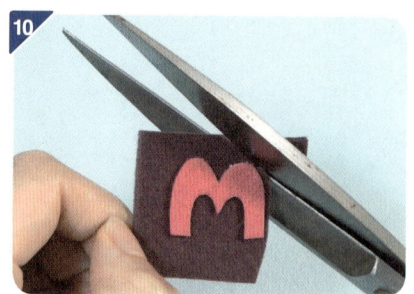

영문 가장자리에서 약 2~3mm의 여유를 두고 자릅니다.

영문을 모두 완성한 모습입니다.

액자 유리 대신 재단한 우드락을 넣고 뒤판을 닫습니다.

우드락 앞면에 양면테이프를 촘촘히 붙입니다.

완성한 앞판 펠트를 우드락 위에 붙입니다.

굵은 마끈을 액자 안쪽 프레임을 따라 글루건으로 쭉 붙입니다.

'memo' 펠트를 액자 위쪽 원하는 위치에 붙입니다.

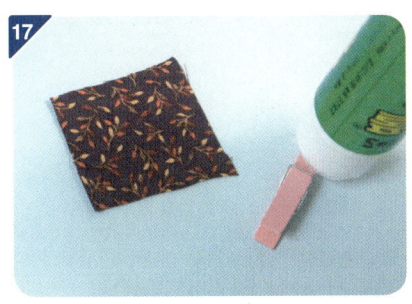

나무 집게 한쪽 면에 딱풀을 발라 조각
천을 붙입니다.

집게 크기에 맞춰 튀어나온 부분은 잘
라냅니다.

나무 집게 끝에 데코 비즈를 붙여 장식
합니다.

압정용 새 펠트 위에 조각 천을 잘라 날
개를 붙이고, 눈은 컬러 시드 비즈로,
가장자리는 러닝스티치로 꾸며줍니다.

같은 방법으로 2개를 더 만듭니다. 개수
는 원하는 만큼 조절합니다.

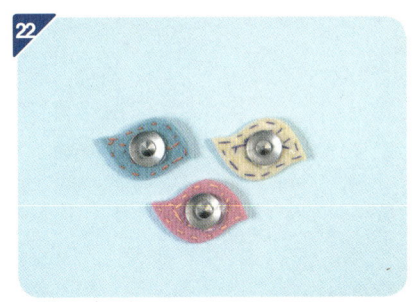

새 뒷면에 각각 압정을 붙입니다.

글루건으로 나무 집게는 액자 프레임
위 원하는 위치에 붙이고, 새 압정은 메
모꽂이에 꽂아줍니다.

액자 리폼 부엉이 메모꽂이가 완성되었
습니다.

39. 박스테이프 심지 마카롱 딸기 케이크 선물함

바느질법 러닝스티치,
버튼홀스티치
아플리케
백스티치,
프렌치너트스티치
예상 제작 시간 약 4~5시간
완성 크기 약 10×14cm

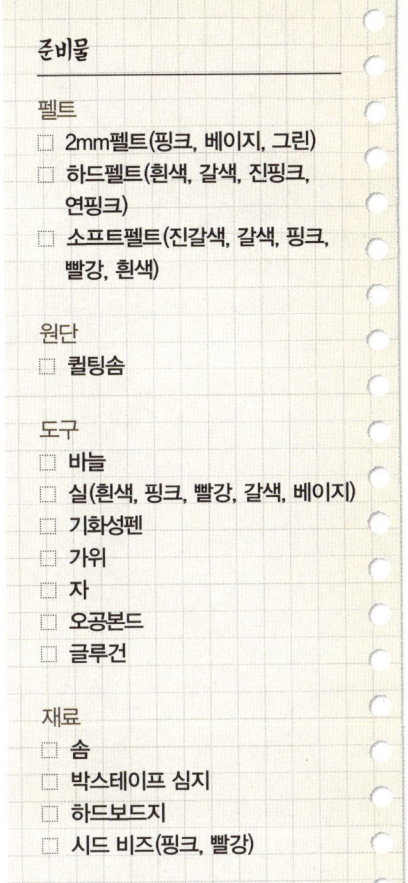

준비물

펠트
- ☐ 2mm펠트(핑크, 베이지, 그린)
- ☐ 하드펠트(흰색, 갈색, 진핑크, 연핑크)
- ☐ 소프트펠트(진갈색, 갈색, 핑크, 빨강, 흰색)

원단
- ☐ 퀼팅솜

도구
- ☐ 바늘
- ☐ 실(흰색, 핑크, 빨강, 갈색, 베이지)
- ☐ 기화성펜
- ☐ 가위
- ☐ 자
- ☐ 오공본드
- ☐ 글루건

재료
- ☐ 솜
- ☐ 박스테이프 심지
- ☐ 하드보드지
- ☐ 시드 비즈(핑크, 빨강)

실물본을 참고하여 모든 펠트를 재단합니다.

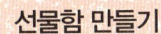
선물함 만들기 →

심지 겉면 펠트의 양끝을 모아 매듭을 겉에 둔 채 버튼홀스티치 합니다.

뒤집어서 버튼홀스티치 부분을 손으로 꾹꾹 눌러 평평하게 펴줍니다.

박스테이프 심지를 끼워넣습니다.

바닥 하드보드지를 심지 위에 올려놓습니다.

그 위에 바닥 펠트를 올려놓고 버튼홀스
티치로 옆면과 연결합니다.

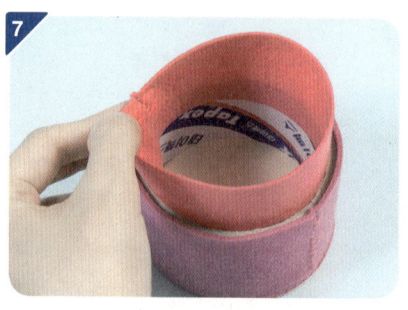

심지 겉면 펠트와 같은 방법으로 안면 펠
트를 만들어 심지 안에 넣습니다.

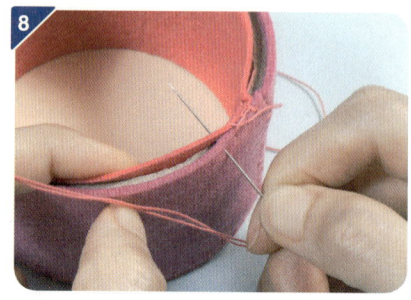

겉면과 안면을 같이 버튼홀스티치로 연
결합니다.

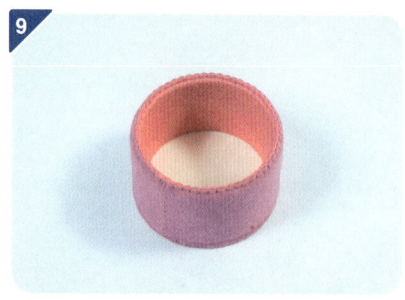

버튼홀스티치로 연결한 모습입니다.

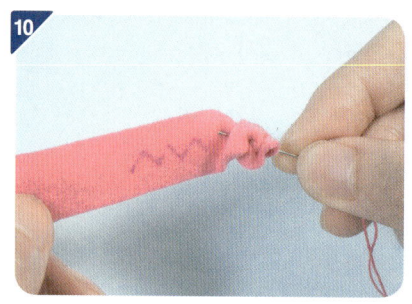

바닥 쪽 생크림 펠트에 기화성펜으로 가
로로 지그재그 선을 표시한 후, 표시 선
을 따라 러닝스티치 합니다.

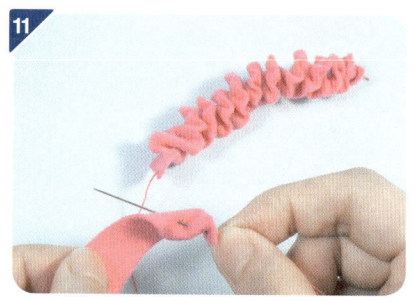

러닝스티치 후 실을 잡아당겨 주름을 만
들고, 실을 끊지 않고 계속 이어서 나머
지 생크림 펠트 2장도 연결합니다.

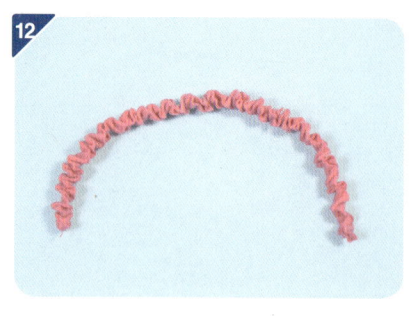

전체 길이가 케이크 바닥 쪽 둘레와 같
도록 잡아당긴 후 매듭을 지어 마무리
합니다.

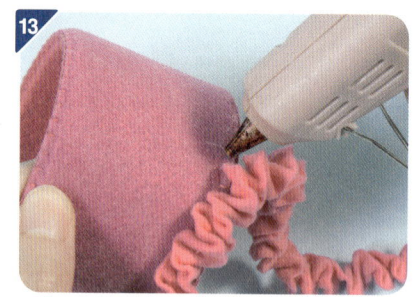

글루건으로 케이크 바닥 쪽에 쭉 두르
듯 붙입니다.

뚜껑 윗면 펠트 1장에 진핑크 생크림을 올려놓고 러닝스티치로 고정합니다.

생크림 주변을 빨강 시드 비즈로 꾸며 줍니다.

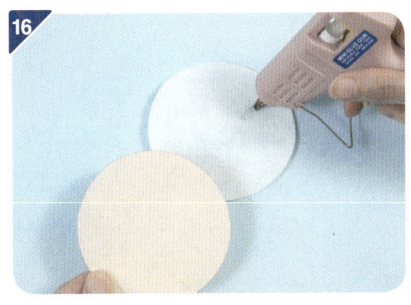

윗면 펠트 다른 1장의 중심에 하드보드 지를 글루건으로 붙입니다.

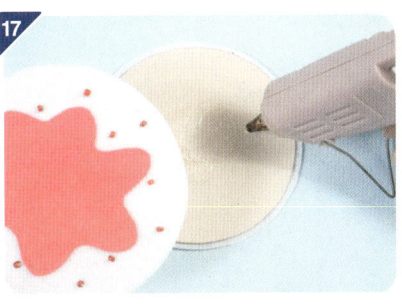

다시 하드보드지 위에 뚜껑 윗면을 글루 건으로 붙입니다.

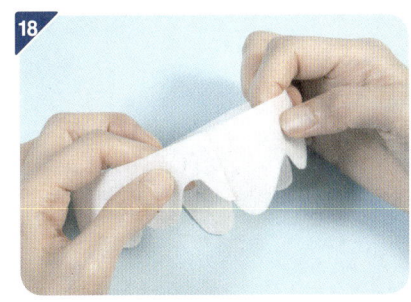

선물함 옆면과 같은 방법으로 뚜껑 옆면 도 둥글게 만듭니다.

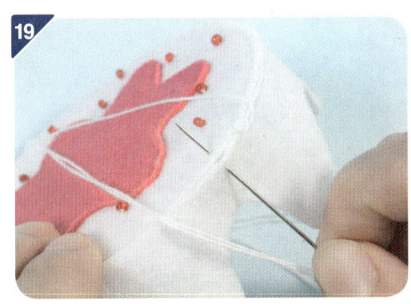

뚜껑 윗면과 옆면을 잘 맞추고 버튼홀 스티치로 쭉 둘러가며 연결합니다.

생크림 뚜껑이 완성되었습니다.

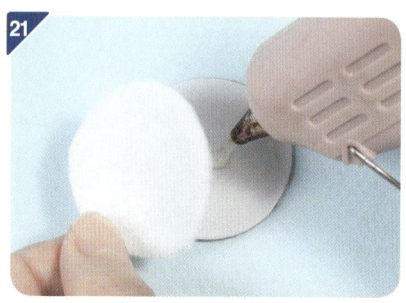

마카롱 하드보드지의 중심에 퀼팅솜을 글루건으로 붙입니다.

퀼팅솜 위에 약간의 솜을 글루건으로 미리 붙여둡니다.

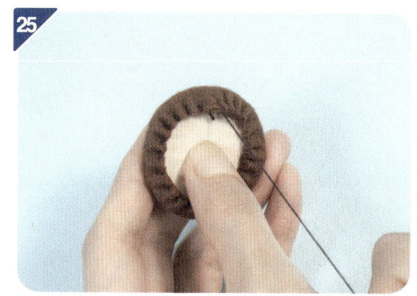

마카롱 겉면 펠트를 가장자리에서 약 2mm 안쪽으로 쭉 러닝스티치 합니다.

마카롱 겉면에 솜을 붙인 하드보드지를 사진과 같이 가운데에 올려놓습니다.

그대로 실을 잡아당겨 펠트 가장자리가 하드보드지를 감싸도록 오므려주고 매듭짓습니다.

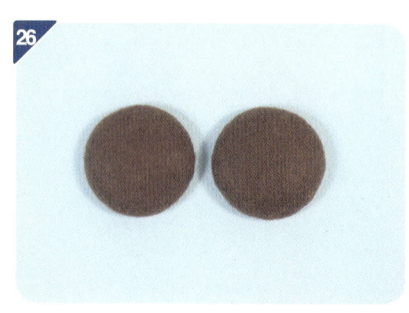

같은 방법으로 마카롱 한 면을 더 만듭니다.

마카롱 크림 펠트를 가로로 길게 반 접어 쭉 러닝스티치해서 주름을 만듭니다.

주름 잡은 마카롱 크림을 앞서 만들어둔 마카롱 둘레에 맞춰 오므립니다.

29

2개의 마카롱 사이에 마카롱 크림을 붙입니다.

30

마카롱이 완성되었습니다.

딸기 생크림 & 딸기 만들기 →

31

딸기 생크림 펠트 2장을 겹쳐놓고 각 꼭짓점마다 바늘을 넣어 연결합니다.

32

꼭짓점마다 연결한 모습입니다.

33

실을 잡아당겨 생크림 모양이 잘 나오도록 매만진 후 매듭짓습니다.

34

실을 끊지 말고 계속 이어서, 생크림 위에 딸기 잎사귀를 올려놓고 고정합니다.

35

딸기 잎사귀를 고정 후 실을 위쪽으로 빼놓습니다.

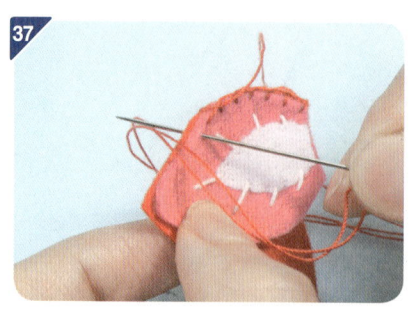

딸기 속 핑크 펠트에 흰색 펠트를 올려 놓고 먼저 아플리케 한 후 흰색 실로 사진과 같이 스티치 해줍니다.

딸기 속과 겉 펠트의 가장자리를 잘 맞춘 후 버튼홀스티치로 연결합니다.

밑변을 제외하고 버튼홀스티치 연결이 끝난 모습입니다. 실은 끊지 않습니다.

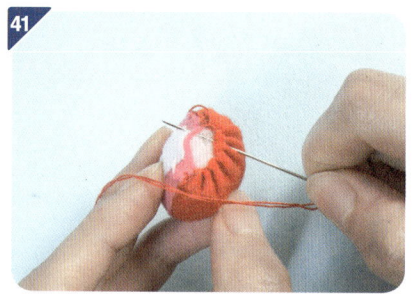

그대로 딸기 겉 펠트의 아랫변을 따라 러닝스티치 하고 잡아당겨 주름을 만듭니다.

주름 잡은 공간 사이로 솜을 통통하게 집어넣습니다.

솜을 넣은 후 밑변은 버튼홀스티치로 마감합니다.

딸기 겉에 핑크 시드 비즈를 달아 딸기 씨를 표현합니다.

완성된 딸기를 그대로 딸기 잎사귀와 연결합니다.

여러 땀으로 딸기를 튼튼하게 연결한 후 바늘을 생크림 밑으로 빼내 매듭짓습니다.

딸기 생크림 & 딸기가 완성되었습니다.

스마일 쿠키, 롤 쿠키 만들기 →

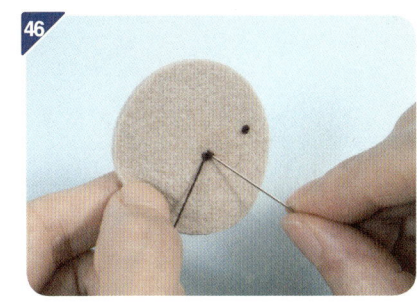

스마일 쿠키 베이지 펠트 1장의 한쪽 면에 눈을 프렌치너트스티치로 표현합니다.

Tip. 쿠키 무늬 프렌치너트스티치는 눈보다 작게 만들어주세요!

백스티치로 입 모양을 만든 후, 스마일 쿠키 갈색 펠트를 뒤에 대고 같이 프렌치너트스티치로 쿠키 무늬를 표현합니다.

실을 끊지 않고 그대로 베이지 펠트 다른 1장을 겹쳐 전체 둘레를 버튼홀스티치로 연결합니다.

스마일 쿠키가 완성되었습니다.

롤 쿠키 펠트 아랫부분에 글루건을 쏩니다.

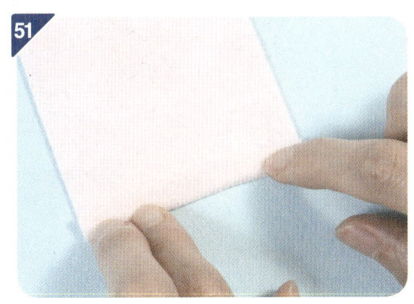

한 번 접어줍니다.

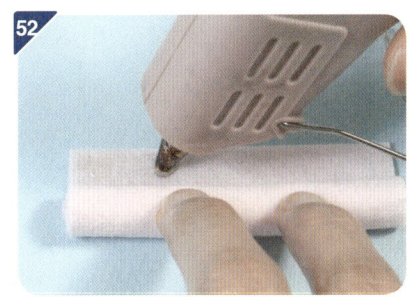

그대로 계속 말아 글루건으로 마무리합니다.

Tip. 빨강 실은 굵은 것이 예뻐요. 굵은 실이
없다면 가는 실을 여러 겹 사용하세요!

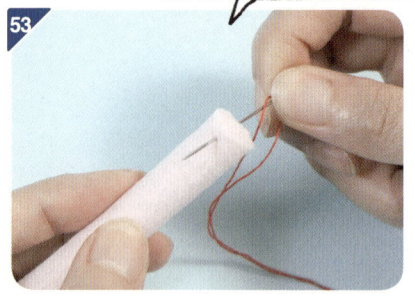

빨강 실을 꿰어 펠트가 돌돌 말린 밑면에서 바늘을 넣어 사진과 같이 빼냅니다.

실을 펠트에 사선으로 말아주고 매듭은 그대로 밑면으로 나와 짓습니다.

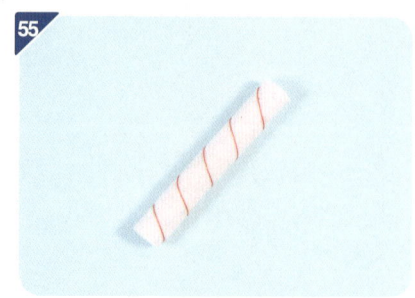

롤 쿠키가 완성되었습니다.

토핑 올려서 완성하기 ➡

마카롱 한쪽 면에 글루건을 쏘아서 뚜껑 윗면 생크림 중심에 붙입니다.

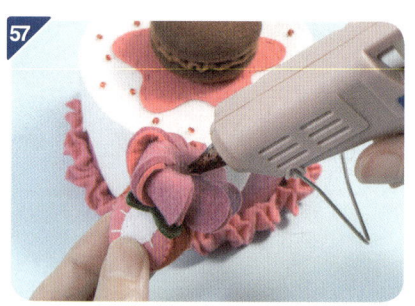

딸기 생크림 밑면에 글루건을 쏘아서 마카롱 위에 붙입니다.

그린 데코 잎사귀를 먼저 붙여두고, 롤 쿠키 옆면에 글루건을 쏘아 그 위에 붙입니다.

스마일 쿠키는 밑면에 글루건을 쏘아 마카롱 옆에 세워서 붙여봅니다.

박스테이프 심지 마카롱 딸기 케이크 선물함이 완성되었습니다.

삶에 긍정적 변화를 일으키는 터닝포인트 책들!

친절한 DIY 교과서

No. 001
**친절한 점토공예&
미니어처 DIY**
이정희, 안복희, 이은이 지음
325쪽 / 26,800원(동영상
강의 DVD 포함)

No. 002
**친절한 패션핸드페인팅
DIY**
윤소영 지음
279쪽/ 22,000원(동영상
강의 DVD, 도안 포함)

No. 003
친절한 리넨 DIY
김고운 지음
288쪽 / 23,000원(동영상
강의 DVD, 실물본 포함)

No. 004
친절한 펠트 소품 DIY
최연주 지음
264쪽 / 19,800원(동영상
강의 DVD, 실물본 포함)

No. 005
친절한 퀼트 DIY
김윤경, 송희경, 안세란,
이정실, 정민자 지음
224쪽 / 19,800원(동영상
강의 DVD, 실물본 포함)

No. 006
**친절한 오가닉 코튼
친환경 아기용품 DIY**
김복희 지음
223쪽 / 19,800원(동영상
강의 DVD, 실물본 포함)

No. 007
친절한 홈패션&리넨 DIY
이영란 지음
248쪽 / 19,800원(동영상
강의 DVD, 실물본 포함)

No. 008
**친절한 리본&선물포장
DIY**
김선영 지음
278쪽 / 19,800원(동영상
강의 DVD 포함)

No. 009
친절한 니들펠트 DIY
펠트하우스 지음
282쪽 / 19,800원(동영상
강의 DVD, 실물본 포함)

No. 010
친절한 천연비누 DIY
이인수 지음
253쪽 / 18,800원(동영상
강의 DVD 포함)

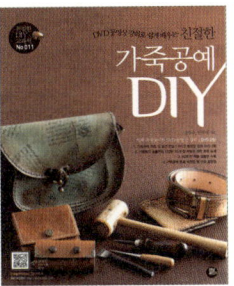

No. 011
친절한 가죽공예 DIY
국영주, 안우석 지음
395쪽 / 35,000원(동영상
강의 DVD, 실물본 포함)

No. 012
**처음부터 다시 배우는
친절한 퀼트 교과서 DIY**
린다 클레멘츠 지음 /
조진경 옮김 / 최은령 감수
260쪽 / 25,000원

No. 013
**선물하고 싶은 친절한
퀼트 가방&소품 DIY**
김윤경, 송희경, 안세란,
이정실, 정민자 지음
186쪽 / 18,000원(동영상
강의 무료 다운로드 포함)

No. 014
**시리우스 클레이의
행복한 클레이아트 DIY**
김주연 지음
203쪽 / 13,800원

No. 015
친절한 머신퀼트 DIY
최은령 지음
367쪽 / 35,000원(동영상
강의 DVD, 실물본 포함)

No. 016
친절한 클레이아트 DIY
양영미 지음
229쪽 / 17,800원(동영상
강의 DVD 포함)

No. 017
**친절한 코바늘 손뜨개
입문 DIY**
니뜨 지음 / 유화숙 감수
191쪽 / 16,800원(동영상
강의 DVD 포함)

No. 018
**친절한 대바늘 손뜨개
입문 DIY**
니뜨 지음 / 유화숙 감수
208쪽 / 17,800원(동영상
강의 DVD 포함)

No. 019
**친절한 엄마표
펠트 장난감 DIY**
박정선 지음
235쪽 / 19,800원(동영상
강의 DVD, 실물본 포함)

No. 201
**친절한 DSLR 30일
완성 DIY**
김현진 지음
291쪽 / 16,800원

No. 601
300kcal 살 빠지는 도시락
박정아 지음
223쪽 / 13,800원

친절한
DIY 패키지

No. 001
카네이션 펠트 DIY
펠트하우스 지음
48쪽 / 19,800원(DIY
패키지 포함)

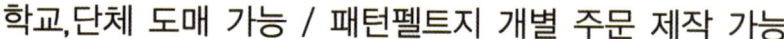